うまく書きたいあなたのための

文章のそうじ術

書く力は「捨てるテクニック」です！

片岡義博

言視舎

はじめに

「文章のそうじ術」と題したのは、文章にも捨てたり整理したりしたほうがいいところがたくさんあり、そうじすることですっきりさっぱり、簡潔でわかりやすい文章になるからです。

職場の企画書や報告書、学校の小論文やレポート、就職時の履歴書や受験時の作文には常に明快で要領を得た文章が求められます。

デジタルメディアとインターネットの普及で誰もが自分の書いた文章を不特定多数の人々に伝えられる時代になりました。紙媒体のような制約もなく、長い文章をやりとりできます。

だったら、あえて文章を削ったり、縮めたりする必要はないんじゃないの？

いや、逆です。誰でもいくらでも書ける環境によって冗長な文章があふれている時代だからこそ、**言いたいことを端的に伝える技術がとりあえず必要**です。たとえばツイッターなら140字以内で。

「文章のそうじ術」はすなわち**「要約術」**です。あふれる情報から取捨選択して、ポイントだけを的確に表現する。長々とした文章をコンパクトに凝縮して提示する。

仕事や生活で手間と時間が省けるだけではなく、書き手の主張がより明確に伝わります。

これは「**整理術**」でもあります。乱雑に散らかった情報を必要性や重要度に応じて捨てるものは捨てる、残すものはしかるべきところに置く。整理された文章は読み手の頭にすっと入ります。整理することで書き手の頭の中もすっきりします。

「**添削術**」とも言えます。既にある文章の改善、推敲の方法です。「どうやったらうまく書けるか」というゼロからの文章作法ではありません。「いかに書くか」ではなく「いかに削るか」が課題です。

目の前にある文章をいったん徹底的に削る、ギリギリまで短くしてみることに本書はこだわってみました。簡潔な文章とは無駄のない文章であり、無駄がない文章はすべての言葉が有機的に結びつき、削る余地はないからです。

文章は「情報伝達型」と「自己表現型」に大別されます。「実用文」と「芸術文」という言い方もあります。

本書で扱うのは、小説やエッセーの文章ではなく、**レポートや企画書といった「情報伝達型」の実用文**です。読み手を感動させる美文や名文よりも、簡にして要を得た文章を目指します。

といっても、「文章のそうじ術」は単に字数を減らすノウハウではありません。文章の全体を構造的に把握し、そのエッセンスを端的に表現する。その意味では**物事を筋道たてて理解するための基本技術**とも言えます。それは**コミュニケーションや問題解決の際に役立つ**はずです。

本書の構成を紹介します。

第1、2章は「**清掃編**」です。気づかない場所に不要品やゴミがたまっています。今ある文章のどこが無駄で、どう削ればいいのかを具体的に示します。各項目を読んで、まずは目の前にある文章をチェックしてください。

第3章は「**整頓編**」です。収納の工夫で新たな不要品が見つかります。言葉の取捨選択ではなく、文章自体を圧縮する技術を紹介します。

第4章は「**原理編**」です。「文章のそうじ術」の前提となる基本法則を示します。実際にどういう作業を経て文章を短くしていくか、くわしく見ていきます。

第5章は「**装飾編**」です。模様替えや小道具の導入で見ばえや使い勝手が改善します。言葉を置き換えたり記号を使ったりして文章をスリムにわかりやすくします。

第6章は「**実践編**」です。5章までの技法を使って実際の文章を要約します。リフォームによるビフォー&アフターを見て、実践に役立てていただければと思います。

目次

第４章　要約の原理をつかむ

第 5 章 文章をわかりやすくする

第6章　文章をそうじする

※本文中の◆は例文の原文、◇は手直し後の例文です

第１章　邪魔な言葉を捨てる

1

言いたいことを簡潔にする技術は、「情報の取捨選択」と「情報の縮約」に分けられます。いらない言葉を捨てて短くするか、ぐっと縮めて短くするか。

まず取捨選択からです。文章全体にとって邪魔になる言葉、わかりやすさや説得力を損なう表現を見つけて削っていきます。

□ 前置きを捨てる

ときどき、こんな出だしの文章を見かけないでしょうか。

◆ 書くかどうか迷ったが、思い切って書くことにする。私は過去に取りかえしのつかない大失敗をやらかしたことがある。

「書くかどうか迷ったが、思い切って書くことにする」は、いわば本論に入るまでの前置きです。執筆に至るまでの経緯や心持ちを記しています。**この手の前置きは一種の言い訳であり、もったい付けた表現**でもあります。

これまでの文章作法書での評判はさんざんです。

丸谷才一は「挨拶はダメだ」という言い方で戒めています。「秋という題で作文を書かなければならなくなって、さっきから困っている」「のっけから私事で恐縮だが……」という例を挙げ、「こういう前置きがあると、もう読むのがいやになってしまう」。(『思考のレッスン』)

本多勝一は「編集者から表題のようなテーマを依頼された」という一文を引き、「編集者から注文されたことを冒頭でノロケる方法」「これ以上考えられないほどの最悪の書き出し」と酷評しています。(『日本語の作文技術』)

冒頭の例文では「私は過去に大失敗をやらかしたことがある」と**いきなり本題に入ったほうが読者を惹きつけることができます**。

こうした言い訳は文章の冒頭に限らず、途中でも顔を出します。

◆ 私は過去に取りかえしのつかない大失敗をやらかしたことがある。そのことを書くかどうか迷ったが、思い切って書くことにした。

「あらためて言うほどのことでもないが」「言うまでもなく、私は一介の物書きにすぎないが」といった文言も言い訳めいています。

「今からこのことについて説明する」「問題はここからだ」といった前置きも削除の候補です。

段落そのものが前置きの役割を果たしていることがあります。

◆ 文章の書き方を教える指南書が世にあふれている。今さら私が付け足すことなど残っているとは思えないが、自分なりの文章作法を披露したいと思う。「何も新しいことはないではないか」と指摘されるかもしれないが、それならば復習するつもりで読んでほしい。

例文全体が本論に導入する役目を果たしています。**謙遜しているように読めますが、言い訳めいてもいます**。全体のスリム化を目指すなら真っ先に落としていい部分です。

いきなり本題に入らず、「いい天気になりましたね」「最近、どう？」といったあいさつから入るのはコミュニケーションの基本ですが、ここでの目的は最短距離の表現です。

思い切って捨ててみると、案外すっきりと自分の伝えたいことが表現できていたりします。

疑わしきは捨ててみる。これは本書に一貫した姿勢です。

□ 一般論を捨てる

冒頭に一般論を持っていくスタイルをよく見かけます。

◆ 政治の混迷が叫ばれて久しい。多くの国民は既に政治に期待しなくなっている。そんな中で起きた今回の事件は、政治の腐敗を最もわかりやすいかたちで国民に示すことになった。

冒頭の「政治の混迷が叫ばれて久しい。多くの国民は既に政治に期待しなくなっている」は一般論であり、本論に入る前の「地ならし」や「助走」の役割を果たす前置きです。なくても困りません。

むしろ**当たり障りのない一般論から始めることで文章全体から緊張感を奪います。**特に「そんな中で」という言い回しが大雑把で焦点のぼやけた印象を与えます。

文章の種類にもよりますが、書き手の主張を展開する種類の文章は、いきなり核心に入って本論を展開する。

◇ 今回の事件は、政治の腐敗を最もわかりやすいかたちで国民に示すことになった。

このほうが断然、インパクトがあります。

□ 紋切り型を捨てる

紋切り型はつい使ってしまう便利な表現です。決まり文句、慣用句、常套句とも言います。

文章作法書では必ず槍玉に挙げられる紋切り型ですが、「この表現を使うのはこんなとき」という約束事なので、読み手は書き手の意図を即座に理解できるという長所もあります。

とはいえ、表現にも耐用年数があり、**最初は新鮮でも使っていくうちに陳腐になり**ます。出来合いの技巧を借用しているだけに、紋切り型は**おざなりな印象すら与えます**。落とせるものは落とし、言い換えられるものは言い換えます。

◆ 根っからのスポーツマンだった彼は、試合ごとに手に汗にぎる熱戦を繰り広げた。

◇ スポーツマンだった彼は、試合ごとに熱戦を繰り広げた。

◆ 首を長くして吉報を待っていた兄は、不合格の通知にがっくり肩を落とした。

◇ 吉報を待ち続けていた兄は、不合格の通知に落胆した。

「うれしい悲鳴」「つぶらな瞳」「きりりと結ばれた唇」「水もしたたるいい男」「セピア色の写真」「うだるような暑さ」「雲一つない青空」「底抜けの明るさ」「ぼやくことしきり」「開いた口がふさがらない」「その場に泣き崩れる」「目くじらを立てる」「穴のあくほど見つめる」「喜びを隠しきれない」「天を仰いだ」「興奮の余韻さめやらぬ」「たかが〜、されど〜」「幕を切って落とす」「閑古鳥が鳴いている」「押すな押すなの大盛況」「海よりも深く山よりも高い親の愛」「変わり果てた姿で無言の帰宅をした」「草の根を分けても捜し出す」

「手垢にまみれた表現」は「枚挙にいとまがありません」。

紋切り型の多くには比喩や誇張が含まれます。本当に「青空には雲が一つもなかった」のか、実際に「天を仰いだ」のか、あらためて考えてみる。「鋳型にはまった」言葉は**不正確な表現に陥りがち**です。

ぱっと思い浮かんだ気の利いた言い回し。それは紋切り型に陥っていないでしょうか。

□ 持って回った表現を捨てる

持って回った表現。言葉を換えれば、もったい付けた表現、回りくどい表現、気どった表現、凝った表現、大げさな表現です。

情報を効率よく伝えるためには不要です。むしろ**重々しく見せたり、格好を付けたりしているだけ、かえって邪魔**な場合があります。

素直に言い表わせばストレートに読み手に伝わり、字数も倹約できます。

◆ ここまでマスターすれば免許皆伝といっても過言ではない。

◇ ここまでマスターすれば免許皆伝だ。

◆ 私はどちらかといえば楽観的な人間に属する。

◇ 私はどちらかといえば楽観的な人間だ。

反語や疑問形を使ったレトリックも、時に持って回った表現になります。

1

◆ 保守的な文学界で、かつてこんなことがあっただろうか。

◇ 保守的な文学界で、かつてこんなことはなかった。

◆ 彼が独身にこだわるのはなぜなのか。理由は彼の幼少期の体験にある。

◇ 彼が独身にこだわる理由は幼少期の体験にある。

「〜と見る向きもあるようだ」「〜と言って差し支えない」も大げさな表現です。

持って回った表現は往々にして紋切り型になります。「〜するのは私だけだろうか」「〜したのは言うまでもない」「〜といえばうそになる」「何を隠そう、私は〜」「〜と考える今日このごろだ」

紋切り型だけに、字数を使って凝った割には陳腐で、効果的だとは言えません。

持って回った表現は書き手の気どりの表われです。個性の表われであり、文体とも言えます。うまく使えば効果的ですが、簡潔な文章には不要です。

□ 婉曲表現を捨てる

ここでいう婉曲《えんきょく》表現とは、文末によく使う「〜と思われる」「〜かもしれない」などの語句を指します。言いきる自信がないときに、断定を避けて思わず付け加えてしまう言い方です。語調を整えるという効果もあります。

日本人らしい奥ゆかしさの表われという見方もありますが、**これが頻繁に使われると、文章全体の輪郭がぼけて切れ味が鈍ります**。

「〜と考えられる」「〜といわれている」「〜とされる」「〜といってよい」「〜と感じる」「〜ようだ」「〜だろう」「〜らしい」も同様です。なくてもかまわないケースがほとんどです。

◆ 球界のエース松坂大輔の投球フォームを見ると、西武時代は力投型の投げ方だったが、メジャーに転身後は、かなりコンパクトになったように感じる。とはいえ、あいかわらずの安定感。力の蓄え方が見事なうえ、上半身と下半身のバランスがとれた完成度の高いフォームだといえる。

下線部が婉曲表現です。落として読んで、印象を味わってみてください。

文末によく付け加えられる「～という」も婉曲表現の一種といえるかもしれません。これはほとんど無意識に加えているといってもいいでしょう。多くは落としても差し支えないと思われます。

さて、今書いた上の文章も婉曲表現のオンパレードでした。削ってみます。

◇ 文末によく付け加えられる「～という」も婉曲表現の一種です。これはほとんど無意識に加えています。多くは落としても差し支えありません。

では、実際に「～という」を使った例文に当たってみます。

◆ 調査では「朝食で和食を食べると学校が楽しくなる」という結果が出たという。「学校が楽しいか」との質問に、和食中心の子どもの57%が「とても楽しい」としたのに対し、洋食中心は19%だったという。

「～という」は伝聞を表わすときに頻繁に使われます。例文も伝聞を意識して、「～という」を加えていますが、冒頭に「調査では」とあるので特に必要ありません。

□ 逃げの言葉を捨てる

断定を避ける婉曲表現と同じように、例外を示唆《しさ》したり、対象を限定したりして、ぼかす表現があります。「基本的に～」はその代表格でしょう。ここでは「逃げの言葉」と表現しました。

◆ 40歳を超えたら、高カロリーの食物は基本的に摂らないほうがいいと思う。

「基本的に」の挿入によって「摂ったほうがいい場合もある」という例外をほのめかしています。正確さを追求して挿入したとも言えますが、逃げの言葉とも見なせます。少なくともここでは、文末に「と思う」という婉曲表現を使っているため、削除しても文意は変わりません。

◇ 40歳を超えたら、高カロリーの食物は摂らないほうがいいと思う。

「一般的に」「ある意味で」「一種の」「ある種の」「ひとつの」「一応」「～のひとつ」なども、**逃げ道をあらかじめ用意した表現**です。

これらの言葉を付け加えると、文章の調子を整えるとともに、「書き手が全体を把握しているような体裁を取ることができる」という効果があります。「一種の」気どりです。

「いわゆる」「いわば」「おおむね」もその変則です。

話し言葉でも、注意して聞いていると、ほとんど癖のように使っています。

◆ この映画はある意味、ロードムービーのお手本と言ってもいい。

◆ 長年、都心に住んでいると、一種の疲労感にも似たストレスが蓄積される。

「ある意味」とはどういう意味なのか。「一種の」という限り他の可能性はあるのか。**自分でつっこんで、一度考えてみる**必要があります。

逃げの言葉を挿入することで思考停止を許していないでしょうか。

「大雑把に言うと」「おおまかに言うと」「乱暴に言えば」「トータルに考えれば」も、安易に使えば本当に大雑把な文章になります。

□ 強調の言葉を捨てる

「とても」「たいへん」「非常に」「すごく」「本当に」「まったく」。

強調言葉は使用されている間に〝インフレ〟を起こして、本来持っていた強調の意味を失っていきます。そこで新たな強調語が生みだされます。最近、若い世代に広がったのは「チョー（超）〜」でしょうか。「チョー気持ちいい」「チョーうざい」。

強調語は多くの場合、なくても意味は通じます。**強調語を挿入することでかえって凡庸となり、ないほうがむしろ効果的**な場合すらあります。

◆ 新開発の製品は非常に使い勝手がいいと大評判です。

◇ 新開発の製品は使い勝手がいいと評判です。

「ちゃんと」「きちんと」「しっかり」「十分に」なども同様です。

強調言葉と同じく、**絶対的な表現にも警戒が必要**です。アピールするつもりが、逆の効果をもたらすことがあります。

◆ 彼はまだ入社したての新人だが、将来、間違いなく社を背負って立つ人材だ。

◇ 彼はまだ入社したての新人だが、将来、社を背負って立つ人材だ。

書き手の興奮を読み手が共有しない場合、過度の強調や絶対的な表現は、書き手の思いこみや自己陶酔、価値の押しつけとなります。力が入りすぎて読み手が引いてしまうのです。

「いちばん」「最高に」「他に類のない」「誰にも負けない」「どんな〜よりも」「不世出の」といった**最上級の形容**も同様です。

◆ 出社早々、空前絶後の大事件に見舞われた。

◆ フランス料理では世界一の腕前を持つシェフが自慢の料理を披露します。

「絶対」「必ず」「誰しも」「なんでも」「いつでも」「どこでも」「どんな理由があろうとも」「いかなる手段をとっても」「誰がなんと言おうと」。

最上級、絶対を表わす強調表現は、“本当に”「空前絶後」なのか、“間違いなく”「比類がない」のか検討が必要です。

「やはり」「もちろん」「無論」「当然」「言うまでもなく」「知っての通り」「周知のように」など、**ある前提を元にした強調表現**も要注意です。「知っての通り」と言われて知らなかった読み手はおいてきぼりになります。

邪魔な言葉を見つけるコツ

その言葉を捨てても
成り立つか?
カッコつけたつもりの
言葉に注意しよう
本当に必要か
もう一度考えよう

□ 比喩を捨てる

適切な比喩は読み手の理解を助けます。逆に不適切な比喩は読み手の理解を妨げます。

何が適切で何が不適切かの判断は簡単ではありませんが、少なくとも**紋切り型の比喩表現なら削ったほうがいい**でしょう。安易な印象を与えます。たとえば――。

「竹を割ったような性格」「死んだ魚のような目」「カモシカのような脚」「牛乳びんの底のような眼鏡」「馬車馬のように働く」「爪に火を点すような生活」「滝のような汗を流す」「走馬燈のように思い出される」「抜けるような青い空」「白魚のような白い手」「手の切れるような札」「つきたての餅のようなほっぺ」「苦虫を噛み潰したような顔」

わかりにくい比喩も禁物です。「ウイルスのような増え方」「役満をあがったような奇跡」。独りよがりの文章になります。

比喩は劇薬です。うまく使えば劇的効果を発揮する反面、使い方を誤れば致命傷となります。

取扱注意。**迷ったら使わない**。**まずは手を出さないこと**です。

1

□ 重複表現を捨てる

「馬から落馬した」といった重複表現は、邪魔な言葉というよりも**誤った言葉の使い方**です。それでもついうっかり使ってしまうものです。「ついうっかり」も重複表現でした。

例を挙げるので、一つひとつ検討してください。あいまいな場合は辞書を――。

「いちばん最初」「収入が入る」「被害を被る」「不快感を感じる」「挙式を挙げる」「震災による災害」「血痕の跡」「いまだ未解決」「過半数を超える」「過大すぎる」「数多く山積している」「後ろへバックする」「はっきり断言する」「すべて一任する」「全員そろって総辞職する」「成功裡のうちに」「突然のハプニング」「お体ご自愛ください」「頭をうなだれる」「今以上に発展させる」「突然卒倒する」「ただ今の現状」「まだ時期尚早だ」「全国中から選ぶ」「古来から」「従来から」「毎月曜ごと」「沿岸沿い」「およそ二千数百円」「ほぼ百年前後」「元旦の朝」「射程距離」「よりベター」「炎天下のもとで」「期待して待つ」「最後の追い込み」「物価の値上がり」「得点をあげる」「互いに交換する」「余分なぜい肉」

「被害を被る」や「賞を受賞する」など重複部分が近

接している場合は気づきやすく、ワープロソフトの校閲にも引っかかります。しかし、**一文の中に離れて使われていると、なかなか気づかない**ものです。

◆ 彼は同じような犯罪を過去５年間に計８回犯している。

◇ 彼は同じような罪を過去５年間に計８回犯している。

異なる言葉を使うと、意味の重複になかなか気づけません。

◆ 海外に渡航する際は、現金の両替を済ませてから出国願います。

「渡航」は「海外へ行くこと」を意味しているので「海外に渡航」は重複表現です。さらに「出国」も「国外に出ること」ですから三重の重複表現となります。

◇ 現金の両替を済ませてから出国願います。

◇ 渡航の際には、現金の両替をお済ませください。

英語も落とし穴です。

◆ この計画は最小の費用で最大の宣伝効果が期待できるプランだ。

◇ この計画は最小の費用で最大の宣伝効果が期待できる。

「誤りは〜というミスだ」「焦点は〜というポイントだ」なども同様です。

その言葉、本当に必要ですか?

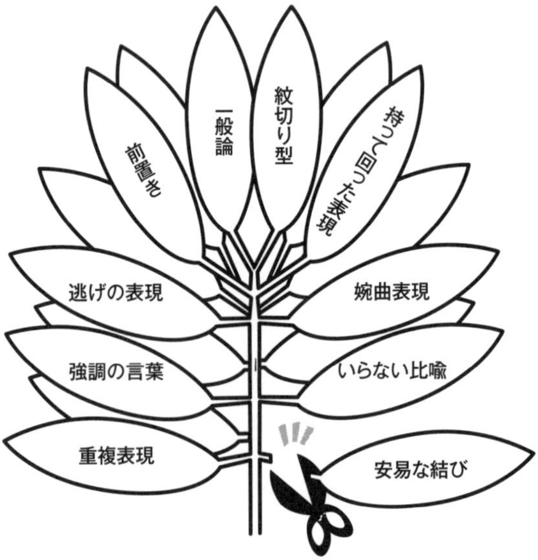

□ 安易な結びを捨てる

文章の終わりを落ち着かせるために、**安易な決まり文句や一般論**で文章を結んでいないでしょうか。

いくら立派な理論や面白い話を展開していても、終わりが締まらなければ全体が緩んでしまいます。**安易な文章を添えるくらいなら、多少落ち着きは悪くてもそのまま終わる**ほうが賢明です。

◆ 数週間後には同じ企業から従来機種を少し大きくしたヒット商品が繰り出されるだろう。今後の展開から目が離せそうもない。

末尾の「今後の展開から目が離せそうもない」は紋切り型の結びです。ないほうがすっきりします。

「成り行きが注目される」「彼の今後の活躍に期待したい」「以上、何かの参考になれば幸いである」「こう考える今日このごろだ」「厳しい対応が予想される」「残念ながら紙幅が尽きた」も同様です。

こうした結びが安直な印象を与えるのは、**誰も文句が付けようがなく、差し障りのない意見**だからです。文章の終わりは、文章の始まりに次いで大切です。無駄な一文を加えて無理に「締める」必要はありません。

□ コラム

最近、専門学校で文章の書き方を教えることになった。

講義の途中に女子生徒が「先生」と言って手を挙げた。

「ん？」

「トイレ」

出た。若いモンの語尾省略だ。

トイレがどうしたというのだ、トイレにみんなで行きたいのか、トイレに行ってほしいのか、トイレが火事なのか、「トイレの神様」を歌いたいのか、最後まできちんと言いなさい！

という意味のことをやーんわり伝えた。で、「行ってこい」。

しかし、考えてみれば意味は十分通じている。文章は肯定文が基本だから、「トイレ」と言えば、「トイレに行きたい」「トイレに行くよ」「トイレに行こう」という意味。とすると、「トイレ」は会話における〝究極の要約文〟ではないか!?

かつて南極観測船に乗り込んだ夫にあてて、日本にいる新妻が短い電報を打った。

「ア　ナ　タ」

３文字の電報。これこそ万感の思いが込もった究極の要約文と言えるだろう。

「トイレ」と「アナタ」。

同じ３文字の要約文でも、ずいぶんと重みが違うものだ。

いや、あの「トイレ」にも、もしかしたら万感の思いが込められていたのか。

第2章 無駄な言葉を捨てる

前章は文章全体の説得力を損なう表現を見つけ出しては捨てる作業でした。この章では、なくてもいい言葉、無駄となる表現をチェックします。**これも「情報の取捨選択」**による文章の短縮化です。

□ 同じような言葉を捨てる

意味が同じような言葉を羅列するのは、間違いではなくとも無駄です。

◆ この絵に接するたびに、描き手の喜怒哀楽、情熱、思い、感情、パッションが伝わってくる。

喜怒哀楽≒感情≒思い、情熱＝パッションですから、以下のように省略できます。

◇ この絵に接するたびに、描き手の喜怒哀楽や情熱が伝わってくる。

◆ 当社では新製品の研究、開発、実用化に多大な資金を投入してきました。

新製品は実用化を前提に研究し、開発を進めるわけですから、以下の表現で十分です。

◇ 当社では新製品の開発に多大な資金を投入してきました。

文章を連ねるうちに、**似たような意味の表現**を重ねてしまいがちです。

◆ 音楽を習得するためには、まず教則本によって基本的技術を会得すること。次によい教師に習って覚えること。そして日々訓練を重ねて身につけることが音楽の習得には欠かせません。

「音楽の習得」という言葉が２度使われています。「習得する」「会得する」「習って覚える」「訓練を重ねて身につける」は、ほとんど同じ意味です。省いてみます。

◇ 音楽を習得するためには、まず教則本によって基本的技術を身につけること。次によい教師につくこと。そして日々の訓練を重ねることです。

□ つなぎの言葉を捨てる

並んだ前後2つの文章の関係を表わす言葉が、つなぎの言葉、接続語です。前の文章を受けて次の文章がどういう性質を持つか、読み手に文章の論理展開を指し示す羅針盤のような役割を持ちます。

つなぎの言葉があることで文章の前後の関係が示され、全体の構造がわかりやすくなります。しかし、**単に文章のリズムを整えるためや漫然と置くケース**もあります。

「また」「そして」「さらに」など**並列的・付加的な性質を持つ接続語**、「というのも」「なので」「したがって」「すなわち」など**順接・理由・換言の性質を持つ接続語は特に要注意**です。

前後の文章がちゃんとつながっていれば、接続語をわざわざ挿入しなくても、両者の関係は伝わります。

◆ 計画変更は残念だ。なぜなら次の機会は半年後になるからである。そこで私は臨時の地価調査を提案した。しかし実のところ、臨時の地価調査は容易ではない。というのも地価調査にはかなりの予算を要するからだ。

つなぎの言葉を削っても意味は通じます。

◇ 計画変更は残念だ。次の機会は半年後になるからである。私は臨時の地価調査を提案した。実のところ、臨時の地価調査は容易ではない。地価調査にはかなりの予算を要するからだ。

■ つなぎの言葉を捨てる・その２

接続詞や副詞の接続語と似たような使い方をしている言葉に、「言ってみれば」「考えてみれば」「逆に言えば」「かいつまんで言えば」「換言すれば」「言葉を換えれば」「たとえて言うなら」などがあります。

落としてみて意味が通じるかどうか確認してください。

◆ クリスマスにおけるプレゼント交換は、言ってみればわが家における一大イベントであり、言葉を換えれば年中行事である。

◇ クリスマスにおけるプレゼント交換は、わが家における一大イベントであり、年中行事である。

接続助詞にも要注意です。「〜が」「〜ので」「〜のに」「〜けれども」。中でも延々と文章をつなげていく「〜が、〜が、」は、どの文章作法書にもブラックリストに入っています。逆接の「〜が」でなければ、多くは接続助詞の前で文章を切っても差し支えありません。

◆ 私たちは社会的動物だが、社会との関係を確認しながら暮らしている。たとえばさまざまな商品を購入しているが、いずれも社会との関係性の表象にほかならない。

文章が並列的に連なっていくので、前後の因果関係がはっきりせず、あいまいで締まりのない文章になります。

◇ 私たちは社会的動物だ。社会との関係を確認しながら暮らしている。たとえばさまざまな商品を購入している。いずれも社会との関係性の表象にほかならない。

長くつなげずに短く切る。これは「なるべく文章は短くする」という「わかりやすい文章の鉄則」ともかかわります。これについては第３章であらためて考えます。

うるさくないですか?

■ ぼかす表現を捨てる

「など」「〜等々」「〜とか」「〜といった」「〜たりする」などをここでは、ぼかす表現と呼びます。要約の一手段ですが、なんとなく付けている場合があります。

◆ 広報部には広報を企画したり、顧客へ情報を提供したりする業務があります。

◇ 広報部には広報企画や顧客への情報提供の業務があります。

丸める表現もぼかす表現に入ります。「ほぼ」「約」「ほど」「くらい」「かなり」「前後の」「〜ら数人」「最大級の」「さまざまな」「いろいろ」。こうした表現を使うのは、**正確な情報や数字が不要な場合、正確な情報や数字がわからない場合、すべて羅列する必要がない場合**です。

「〜的」「〜性」「〜関係」「〜方面」「〜方向」もよく使われます。それぞれ必要性を見極めてから使います。

「能力的に問題がある」→「能力に問題がある」

「故障の危険性に配慮する」→「故障の危険に配慮する」

「会社関係の人と食事する」→「会社の人と食事する」

「勤務先はマスコミ方面」→「勤務先はマスコミ」

□「〜てみる」を捨てる

例文を見てください。

◆ 長い文章も分析してみると多くは４段構成です。

◆ 親になってみて初めてわかることがある。

◆ ２つを比べてみて違いを確かめてみてください。

「〜してみる」には、「試しに〜する」という意味があります。安易に使ってしまいますが、試しに削って意味が通じるようなら落とせます。

◇ 長い文章も分析すると多くは４段構成です。

◇ 親になって初めてわかることがある。

◇ ２つを比べて違いを確かめてみてください。

□ 擬音語・擬態語を捨てる

「カリカリ」「ザーザー」「カサカサ」。実際の音をまねた言葉が擬音語です。

「にやにや」「ゆったり」「ふらふら」。擬態語は人や物の状態や様子を感覚的に表わした言葉です。いずれも感覚的、具体的に読み手に訴える効果を持ちます。

井上ひさしは、擬音・擬態語は「概要や梗概や要約」にはいらないと指摘しています（『自家製 文章読本』）。

読み手の感覚に訴える擬音・擬態語は情報主体の文章にはほとんど貢献しないからです。

◆ 冬場は肌がカサカサに乾燥するため、十分な保湿対策が必要です。

◇ 冬場は肌が乾燥するため、十分な保湿対策が必要です。

「カサカサ」を削っても、文章の味わいにさほどの変化はありません。

擬音・擬態語はうまく使えば効果的ですが、なくてもかまわない場合がほとんどです。

□ 指示語を捨てる

「これ」「その」「こうした」「そのような」といった指示語のうち、たとえば名詞の前に付ける指示形容詞「その」「この」の多くは、なくても通じます。

◆ 3番出口を出ると左に喫茶店があるので、その喫茶店を過ぎて左折すると左手にコンビニが見えます。そのコンビニ横の6階ビルが当社です。

◇ 3番出口を出ると左に喫茶店が見えるので、喫茶店を過ぎて左折すると左手にコンビニが見えます。コンビニ横の6階ビルが当社です。

前の文章全体を受けた指示語も省略可です。

◆ 顧客のために良い製品を作る。それが当社の社是だ。

◇ 顧客のために良い製品を作る。当社の社是だ。

指示語が登場すると、それが何を意味しているのか読み手は考えなければなりません。**乱用注意**です。

□ 人称代名詞を捨てる

英文を逐語和訳すると、「私は」「彼は」「彼女は」といった人称代名詞がたびたび出てきて、うるさいことがよくあります。

逆にいうと、**日本語は人称代名詞を省略できる、省略したほうが自然**という性質を持っています。

「山道を登りながら、こう考えた」と書けば、主語は「私」です。一人称の視点で書かれた文章は、一人称の指示語「私は」「私の」などをほとんど落とせます。

◆ 私は私の信念に基づいて私の進むべき道を決めた。

◇ 信念に基づいて進むべき道を決めた。

三人称の視点で書かれた文章も同様です。

◆ Ａさんは入社１年目。彼の希望に応じて現在の部署に配属された。彼の勤務態度は熱心そのものだ。

◇ Ａさんは入社１年目。希望に応じて現在の部署に配属された。勤務態度は熱心そのものだ。

□ 「～として」を捨てる

行政文書には「～としては」「～では」という言い回しが頻出します。ほとんど「～は」で済みます。

◆ 本事業の内容としては、高齢者などからの相談に対応することを想定しており、各市町村ではこれら全業務を実施していただきたい。

◇ 本事業の内容は、高齢者などからの相談に対応することを想定しており、各市町村ではこれら全業務を実施していただきたい。

「○○としては～してほしいと考えている」は「○○は～してほしい」で十分です。

◆ 当部としては、今回の企画を新たなビジネスモデルとなるプロジェクトにしていきたいと考えている。

◇ 当部は今回の企画を新たなビジネスモデルとなるプロジェクトにしていきたい。

□「〜という○○」を捨てる

「〜という○○」「〜というのは」という言い回しも氾濫しています。

◆ ハングアップとは利用中のソフトウェアが停止し、コンピュータが操作を受け付けなくなるという現象や状態のことです。

◇ ハングアップとは利用中のソフトウェアが停止し、コンピュータが操作を受け付けなくなる現象や状態のことです。

◆ 文章というのは動詞と名詞を中心に構成するべきだ。

◇ 文章は動詞と名詞を中心に構成するべきだ。

「〜ということ」「〜というもの」「〜というかたち」は持って回った言い方です。

◆ 顧客との関係で大切なものに信頼関係の構築ということがあります。

◇ 顧客との関係で大切なものに信頼関係の構築があります。

◆ この国には伝統というものが今も息づいていることを実感した。

◇ この国には伝統が今も息づいていることを実感した。

◆ 新店舗は、連休明け午前９時オープンというかたちになる。

◇ 新店舗は、連休明け午前９時オープンになる。

いずれも、いったん「～という」「～という○○」を落としてみます。多くはなくても通じます。

□「〜ている」を捨てる

「〜ている」は継続・進行だけでなく、習慣・反復を表わします。まさに習慣のように多用しています。

◆ 私たちが生きている現代社会は危機的状況にある。

◇ 私たちが生きる現代社会は危機的状況にある。

◆ 本書では文章のリズムや調子の良さよりも、効率性や明確さを優先しています。

◇ 本書では文章のリズムや調子の良さよりも、効率性や明確さを優先します。

「〜している」の多くは、「〜する」のほか「〜した」にも置き換えられます。

◆ 防犯装置を設置しているマンション

◇ 防犯装置を設置したマンション

2

□「〜ていく」を捨てる

「〜ている」同様に「〜ていく」も目に付きます。今後の継続を表わす言葉です。多くは「〜する」に変換できます。

◆ 伝統の技術を継承していくためには、行政と現場が協力していくことが必要だ。

◇ **伝統の技術を継承するためには、行政と現場が協力することが必要だ。**

反対に「〜てくる」も同じような使い方をしています。

◆ 厚生年金を支払わない若者が続出してきているのは、生活への不安が増してきているからだ。

◇ **厚生年金を支払わない若者が続出しているのは、生活への不安が増しているからだ。**

以上のような表現を使っている場合は、一度それを落として読み直してみます。意味が十分に通じるなら削ることができます。

□ 読点を捨てる

句点が「。」で読点が「、」。読点をどのタイミングで打つかは、これまでの文章作法書でさんざん議論されてきました。

意味の切れ目、息を継ぐ場所、言葉のかかり具合がわからないとき、ひらがな・カタカナ・漢字が続いて読みづらいとき、などに読点を付けます。

ここでの関心は文章の短縮とわかりやすさです。たった１字ですが、「塵も積もれば」です。

読点がない文章と同じくらい、読点がありすぎる文章は読みづらいので、読点を打ちすぎていないかをチェックします。

◆ 今世紀の半ばには、世界のGDP1位、２位を、中国とインドが占める可能性は、極めて高い。さらに、ベトナムやラオスといった、中国の文化を引き継いだ、比較的小さな国々も、これから活況を呈するであろう。

◇ 今世紀の半ばには世界のGDP1位、２位を中国とインドが占める可能性は極めて高い。さらにベトナムやラオスといった中国の文化を引き継いだ比較的小さな国々も、これから活況を呈するであろう。

読点を８つから２つに減らしました。この２つさえなくても大丈夫です。

シンプルに考える

□ コラム

「非常に」「とっても」「すげー」

強調言葉には賞味期限があって、時間がたてば効力を失う。時代時代に強調言葉は生み出され、消えていった。

今はまだ「超〜」が生きている（でしょ?）。「チョーかわいくない？」「チョーかっこいい!」

ショコタンこと中川翔子なら「ギザ、カワユス」（とても、かわいい）。

学生たちと話しているときに、最近よく使われる「ふつうに○○」ってどれくらいの強調？という話になって意見が割れた。

「ふつうにかわいい」「ふつうにおいしい」「ふつうにいい人」

「かわいいがほめ言葉だから、“ふつうにかわいい”もほめ言葉。ゼロからプラスの目盛りの方にちょっと針が振れているくらい」が当方の主張。

「えー、でも言われても全然うれしくない」というのが大方の意見だった。

個性やオリジナリティーばかりもてはやされて、「ふつう」の価値は今や暴落した。

かつて人気の頂点にあったアイドルグループは「ふつうの女の子に戻りたい」と言って解散した。就職できない若者たちが求めるのは「ふつうの企業とふつうの暮らし」。

立っている場所によって「ふつう」の見え方は変わる。

第3章　文章を短くする

第１章、第２章は文章のあちこちにある邪魔な表現、無駄な表現を見つけ出しては捨てる作業でした。この章では文章を削って短くするのではなく、ぐっと圧縮して短くする方法を考えます。「情報の取捨選択」ではなく、**「情報の縮約」**です。

情報の縮約は文章の読解力にかかっています。文章の構造自体を変えることもあり、小手先の技術でどうにかなるものではありません。といっても話は始まらないので、**まずは小手先の技術から**入りましょう。

□ 個別の要素をまとめる

並列した個別の言葉をまとめると文章は短くなります。

個々の情報を間引いて端折る際には「～など」「～といった」「～等々」「～ら」「～ほか」「いろいろな」「さまざまな」を使います。

◆ 感染症は、寄生虫、細菌、真菌、ウイルス、異常プリオンといった病原体の感染によって発症する。

◇ **感染症は、寄生虫、細菌、真菌などの病原体の感染によって発症する。**

◆ 小説の種類には、推理小説、中間小説、ファンタジー、ホラー、純文学、SF、時代小説、歴史小説、少女小説、ボーイズラブ、児童文学、ライトノベルがあります。

◇ **小説の種類には、推理小説・ファンタジー・純文学・時代小説・児童文学などいろいろあります。**

「端折る」「省略する」ということは「すべて示さない」「ぼかす」ことです。だから「～など」「～といった」などは、それぞれ「ぼかす表現」（40ページ）にも登場しました。

これと似た表現として「関係者」「諸国」「関連機関」「方面」「付近」「周辺」などがあります。キャパシティーが大きく、個別の要素を放り込むことができます。

◆ 事件の現場には、被害者の家族と弁護士、知人、近所の人々が集まっていた。

◇ 事件の現場には、被害者の家族ら関係者が集まっていた。

◆ 事故の発生について会社はただちに警察、消防、病院、学校、報道機関などに連絡した。

◇ 事故の発生について会社はただちに警察、消防など関連機関に連絡した。

□ 個別の要素をまとめる・その２

次の例文も省略の一種です。

◆ 常任理事国の米国、イギリス、中国、フランス、ロシアの代表は国連本部の常駐を義務づけられている。

◇ 常任理事国の５カ国代表は国連本部の常駐を義務づけられている。

国連の常任理事国は決まっているため「5カ国」で通じます。「常任理事各国の代表」でも大丈夫です。ただし、「常任理事各国の代表」は1カ国でも抜けると使えません。次も同様です。

◆ 開催要項を東京本社、大阪支社、名古屋支社、福岡支社の部長クラスに通知した。

◇ **開催要項を東京本社と支社の部長クラスに通知した。**

この会社の支社が上記の3つの場合は「支社」で十分。「各支社」「3支社」も使えます。

それぞれの要素が規則を持って連なっている場合、**端と端だけを抜き書き**して「〜から〜まで」と端折る場合があります。

◆ 警察官の階級には巡査、巡査部長、警部補、警部、警視、警視正、警視長、警視監、警視総監がある。

◇ **警察官の階級には巡査から警視総監までがある。**

階級の数に意味があるなら「巡査から警視総監まで9つある」とします。

繰り返しを省略して一つにまとめる技術もよく使います。

◆ 市長部局は、総務部、企画開発部、福祉部、経済観光部からなり、このうち総務部は総務課、人事課、財政課、税務課からなる。

◇ 市長部局は、総務、企画開発、福祉、経済観光の各部からなり、このうち総務部は総務、人事、財政、税務の各課からなる。

3

◆ 彼には情報を収集する能力、部下を統率する能力、全体を俯瞰する能力が備わっている。

◇ 彼には情報を収集し、部下を統率し、全体を俯瞰する能力が備わっている。

□ 一般化してまとめる

文章を凝縮するために最も使われる方法は「一般化」です。個別の要素に共通項を見出して一つの概念にまとめる作業で「概念化」「普遍化」「抽象化」とも呼べます。

これは個別の事例を捨てて文章を短くまとめるために必要となる重要な作業です。

例文を見てください。

◆ 地震によって、電気、ガス、水道、電話、インターネット、鉄道、道路は瞬時に絶たれた。

羅列された個別の要素を一般化します。

「電気、ガス、水道」＝「公共エネルギー」

「電話、インターネット」＝「通信手段」「通信網」

「鉄道、道路」＝「交通・輸送網」

例文は「絶たれた」という動詞に合わせて次のように要約できます。

◇ 地震によって、エネルギー供給や通信手段、交通・輸送網は瞬時に絶たれた。

これをさらに要約したい場合、**すべてをひと括りにする言葉**を探します。「ライフライン」という便利な用語があります。

◇ 地震によって、ライフラインは瞬時に絶たれた。

「ライフライン」は「生活インフラ」という用語でも置き換えられます。

次の例文も一般化して短くまとめることができます。

◆ 駐車場は用意しておりません。新聞、テレビ、雑誌の方々は、鉄道、バス、タクシーをご利用ください。

◇ 駐車場は用意しておりません。マスコミの方々は公共交通機関をご利用ください。

「鉄道、バス、タクシー」を「公共交通機関」、「新聞、テレビ、雑誌」を「マスコミ」と一般化しました。

□ 一般化してまとめる・その2

「一般化」は抽象的な対象にも使います。

◆ アジア各国の経済的な発展プロセスは、その国が民主主義体制か、権威主義体制か、全体主義体制かによって異なる。

「民主主義体制、権威主義体制、全体主義体制」を一つに括る言葉として、たとえば「政治体制」があります。

◇ アジア各国の経済的な発展プロセスは、その国の政治体制によって異なる。

◆ 戦後日本の映画、テレビ番組、音楽、ファッションなどは圧倒的にアメリカの影響下にあった。

◇ 戦後日本の大衆文化は圧倒的にアメリカの影響下にあった。

「大衆文化」は「娯楽文化」「文化風俗」「流行現象」とも言い換えられます。

□ 具体性を残す

個別の要素を一般化してコンパクトにまとめる。これは要約には大切なプロセスです。

しかし、一般化によって文章が短くなっても、わかりにくくなっては元も子もありません。**個別の事例は具体的なイメージを伴ってわかりやすい**というメリットがあります。

例文を見ます。

◆ 宇宙日本食にはこれまで、赤飯や山菜おこわ、鮭のおにぎりから、浮かし餅、羊かん、草加せんべい、黒飴まで認定されている。

「赤飯や山菜おこわ、鮭のおにぎり」は「ご飯類」、「浮かし餅、羊かん、草加せんべい、黒飴」は「和菓子」に一般化できます。

◇ 宇宙日本食にはこれまで、ご飯類から和菓子まで認定されている。

文章は短くなりました。間違いでもありません。しかし、これでは具体性に欠け、「宇宙日本食には」と限定した意味がほとんどなくなります。

この文章には具体例にこそ面白みがあります。そんな場合は、**象徴的な具体例を一つ残しておけば、ぐっとわかりやすく面白い文章になります**。

◇ 宇宙日本食にはこれまで、山菜おこわなどのご飯類から、羊かんのようなお菓子類まで認定されている。

一般化、抽象化という作業は簡単ではありません。特に抽象的な諸要素を対象とする場合は、それらを正確に包括する用語を見いだすために苦労します。

たとえば前項では「民主主義体制、権威主義体制、全体主義体制」を一つに括る言葉として、「政治体制」を選びましたが、「政治制度」や「政治システム」ではどうか。「政治理念」は考えられないか。

国語辞典や類語辞典を何度もひいて、試行錯誤を繰り返すことになります。

□ 熟語で表現する

もたつく言い回しを簡潔に言い表わせる熟語を発見できればぐっと文章が締まります。

◆ この考古学者は地道で心を込めた調査と他に抜きんでた技術で数々の功績を打ち立てた。

◇ この考古学者は丹念な調査と卓越した技術で数々の功績を打ち立てた。

「地道で心を込めた」を「丹念な」と言い換え、「他に抜きんでた」を「卓越した」と表現することで文章をスリムにしています。こうした言い換えの成否は、「丹念」や「卓越」といった熟語を発見できるかどうかにかかっています。

「急速に増加する」→「急増する」
「だんだん減る」→「漸減する」
「くわしく調査する」→「精査する」

それぞれ難しい熟語ではありませんが、ボキャブラリー(語彙)の豊かさが問われます。**文脈にピッタリ合った熟語を見つける**ためには、やはり国語辞典や類語辞典をこまめに引く必要があります。

□ 能動態にする

同じ意味のことを表現するにしても、「私は彼をほめた」が能動態、「彼は私にほめられた」が受動態です。あまり意識せず受動態は使われますが、能動態のほうがストレートで字数も少なくなります。

◆ 新聞やテレビで大きな裁判が報じられる際に、よく法廷画が使われます。

◇ 新聞やテレビは大きな裁判を報じる際に、よく法廷画を使います。

能動態のほうが主語と動詞が直結し、主体のアクションがそのまま伝わるため、単純明快で「誰が何をした」かがすぐに読み手の頭に入ります。事物を擬人化して主語にした文章は、かつて翻訳調と批判されましたが、今や違和感はありません。

◆ 政治の無作為によって、彼らの暮らしは根底から崩れた。

◇ 政治の無作為が彼らの暮らしを根底から崩した。

◆ 中国の対米輸出によって、アメリカの国際収支は赤字に追い込まれた。

◇ 中国の対米輸出がアメリカの国際収支を赤字に追い込んだ。

行政文書には受け身と自発を表わす助動詞「れる」「られる」が頻出します。

◆ 経済活動の循環的な変動は景気循環と呼ばれる。現在の労働経済指標の動きは、おおむね一般的な景気回復過程に似た動きを示しているものと思われる。今後、景気の持ち直しを着実な雇用の改善につなげることが期待される。

「呼ばれる」は受動態。「思われる」「期待される」は、行為・動作を自然に実現する現象・作用のようにいう自発表現です。

◇ 経済活動の循環的な変動を景気循環と呼ぶ。現在の労働経済指標の動きは、おおむね一般的な景気回復過程に似た動きを示していると思う。今後、景気の持ち直しを着実な雇用の改善につなげることを期待する。

能動態は積極的な意志で行為する主体が前面に出るため、行政文書では避けられます。この「れる」「られる」は主体をあいまいにして責任を回避するための「逃げの表現」であり、行政文書に限らず散見されます。

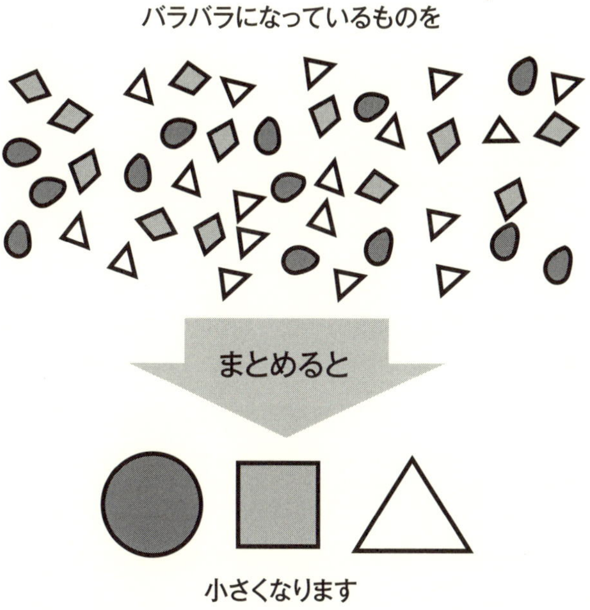
バラバラになっているものを
まとめると
小さくなります

□ 主語を統一する

まず2つの例文を見てください。

◆ (1) 私は思いきって店内に入った。入り口のウエイターが窓際のテーブルまで案内してくれた。ステージのバンドがジャズを演奏し始めたので、私はしばらくその音色に耳を傾けた。

◇ (2) 私は思いきって店内に入った。入り口のウエイターに窓際のテーブルまで案内された。ステージのバンドが演奏し始めたジャズの音色にしばらく耳を傾けた。

(1) の文章では、主語が「私」「ウエイター」「バンド」「私」と変わりますが、(2) は「私」で統一されています。

(1) が短くカットした映像の連続とするならば、(2) はワンカットの長回しといったところでしょうか。(2) のほうがスムーズに頭に入ります。次の例文も同様です。

◆ 夫が愚痴をこぼし、妻は彼を慰めた。だが夫は妻に絡み始めた。このため妻はついに夫にびんたを食らわせた。

◇ 妻は愚痴をこぼす夫を慰めたが、自分に絡み始めたため、ついにびんたを食らわせた。

わかりやすい文章は、なるべく主語を変えないことです。**主語が一つに統一されていれば、読み手の視点は定まったままま**で、「この主語は誰だっけ？」という混乱が生じにくくなります。

さらに**主語を統一すると、主語が省略**できます。その分、文章が短くなり、テンポが速まります。たとえば前のページの例文(2)冒頭の主語「私は」は省略可能です。

主語を統一するために動詞を換えてみます。

◆ 先生は生徒に世間のしきたりを教え、生徒は先生に子供の世界のルールを教えた。

◇ 先生は生徒に世間のしきたりを教え、生徒から子供の世界のルールを学んだ。

原文が「先生→生徒」「生徒→先生」を対句的構成をとっているのに対し、手直し後は先生の視点に統一されています。

□ 肯定文にする

文章の基本型は肯定文です。「ここを訪れる人は少なくない」よりも「ここを訪れる人は多い」のほうがすっと頭に入り、文章も短くなります。できるだけ否定文を避けて、肯定文にするよう工夫します。

ここでの否定文は、「不要」「不可能」「未使用」「未定」「以外」といった否定の意味を持つ言葉も含みます。

◆ アルファベットは全角文字で入力しないでください。

◇ アルファベットは半角文字で入力してください。

肯定文にするために「全角文字」を「半角文字」にしました。

「～をしないわけにはいかない」といった二重否定文もわかりづらく、回りくどい表現です。

否定の否定は肯定です。二重否定文と肯定文とは微妙に意味合いが異なりますが、素直に肯定文に換えたほうが理解しやすいケースがあります。

◆ 不要なファイル以外は削除しないでください。

「不要」「以外」「しないでください」と３つの否定言葉が重なっています。以下のように改善できます。

◇ 不要なファイルのみ削除してください。

◇ 必要なファイルは削除しないでください。

二重否定文には、肯定を強調する“積極的な肯定文”となるものがあります。「それを見て感動しない人はいない」「～ないなんてことは決してない」「～ないなんて考えるとしたら大間違い」「～ないなどとはとうてい言えない」などです。

これに対して「こうしたケースも少なくはない」「知らないわけではない」「理由がないわけではない」「～ないとまでは言えない」といった表現は、肯定に慎重な“消極的な肯定文”です。

それぞれのニュアンスを考えたうえで肯定文に変換します。

□ 動詞を単純化する

動詞は簡潔に意味を表わすものを選びます。

最大のくせ者は「行なう」です。「協議を行なう」「宣誓を行なう」「訓練を行なう」。さまざまな熟語に付けて使える便利な動詞ですが、へたをすると文章は「行なう」だらけになります。「協議する」「宣誓する」「訓練する」と言い換えます。

◆ 今日の午後に教室で実験を行なうことにしている。

◇ 今日の午後に教室で実験することにしている。

動詞に漢語を使う熟語動詞は重厚な感じがしますが、和語で表わしたほうが字数が少なくやわらかい表現になる場合があります。

◆ この議題については、午後の会議で決定する予定だ。

◇ この議題については、午後の会議で決める予定だ。

「選択する」は「選ぶ」、「確認する」は「確かめる」、「運搬する」は「運ぶ」、「関係する」は「かかわる」、「執筆する」は「書く」に換えられます。

逆に漢語を使ったほうが、字数節約できる場合があります。「激しく泣く」は「号泣する」、「沈黙して考える」は「黙考する」、「いくつかに分ける」は「分割する」など。

行政文書によく見られる表現が「取り組みを推進している」といった表現です。持って回った言い方で、もっとシンプルにできます。

◆ 警察では、捜査における科学技術の活用等の取り組みを推進している。

◇ 警察は、捜査における科学技術の活用等に取り組んでいる。

こうした言い回しは挙げればきりがありません。それぞれ簡略化できます。

「販売に従事している」→「販売している」→「売っている」

「収集に取り組んでいる」→「収集している」→「集めている」

「調査を進めている」→「調査している」→「調べている」

「強化に努めている」→「強化している」→「強めている」

「推進を図っている」→「推進している」→「進めている」

□ 名詞化する

動詞を含んだ語句を名詞化することで密度の高い文章になります。

◆ 経営の規模が拡大するとともに担当する社員を増やした。

◇ 経営の規模拡大とともに担当社員を増やした。

「規模が拡大する」「担当する社員」を「規模拡大」「担当社員」と名詞化したことで文章を短縮しました。

「拡大する」「担当する」と同様、拡大、参加、開始、出発、経験など２字からなる漢語の多くは、「する」を付けることで動詞になります。逆に言えば、こうした動詞の多くは「する」を削ることで名詞化できます。

◆ 与党は公約を実現させるため野党との連立を模索した。

◇ 与党は公約実現のため野党との連立を模索した。

「〜すること」は便利な言葉だけによく使われます。

◆ 文章は必要に応じて整理することが大切です。

◇ **文章は必要に応じた整理が大切です。**

例文で使った「〜とともに」「〜に応じて」のほか「〜に伴う」「〜を通して」「〜に向けて」「〜に従って」「〜によって」「〜を理由に」などが利用できます。

この方法で留意すべき点は、「の」が続いて修飾語が多くなり、意味がわかりづらくなる場合があることです。

◆ 国民は与党が当初の公約を実現させるために財源を確保することを求めている。

◆ 国民は与党の当初の公約の実現のための財源確保を求めている。

漢語を「の」でつないで名詞化した結果、言葉のかかり具合がわかりにくくなりました。「の」は３つが限界。できれば工夫して２つにとどめます。

◇ **国民は与党に当初の公約実現に向けた財源確保を求めている。**

□ 重文を複文にする

「主語を統一する」で挙げた例文をもう一度見てみます。

◆ 夫が愚痴をこぼし、妻は彼を慰めた。だが夫は妻に絡み始めた。このため妻はついに夫にびんたを食らわせた。

◇ 妻は愚痴をこぼす夫を慰めたが、自分に絡み始めたため、ついにびんたを食らわせた。

この例文では主語の数を減らして文章を簡潔にしていますが、もう一つ、文章を圧縮するテクニックが使われています。

原文の「夫が愚痴をこぼし、妻は彼を慰めた」が「妻は愚痴をこぼす夫を慰めた」となっています。文法用語で言えば、重文（節が２つ以上並列的に並んだ文）が複文（節が２つ以上、入れ子構造になっている文）になっています。

複文の構造は重文よりも複雑です。簡潔な文章を書くためには複文を避けるよう指示している文章作法書もあります。

しかし**引き締まった文章のために「重文の複文化」は重要なテクニック**です。要は程度問題。例文を挙げます。

電子メールは、時間も場所も気にせずに、世界中の複数の人に対して同時にメッセージを伝えられるツールであり、今や重要な通信手段のひとつである。

この一文を前述の例文同様に文章の構造を変えてみます。

時間も場所も気にせずに、世界中の複数の人に対して、同時にメッセージを伝えられるツールである電子メールは、今や重要な通信手段のひとつである。

「電子メール」にかかる文章があまりに長く、読み手は「電子メール」という言葉にたどり着くまでにかなりの情報を抱えていなければいけません。負担増で、わかりにくい文章になっています。

ひとつの言葉にかかる修飾語は多ければ多いほどわかりにくくなります。このテクニックを使うときの注意点です。

□ 主語＋述語にする

文章の基本構造は主語＋述語です。**2つ以上の節からなる文章を「主語＋述語」の構文にすることで文章を圧縮できます。**

◆ こうした結びがなぜ安易な印象を与えるのかというと、誰も文句が付けようがない意見だからです。

◇ こうした結びが安易な印象を与えるのは、誰も文句が付けようがない意見だからです。

◆ 寒波が到来することによって農作物が被害を受け、地域経済に影響を及ぼした。

◇ 寒波到来に伴う農作物被害が地域経済に影響を及ぼした。

この例文は「名詞化する」技術と「主語＋述語にする」技術を使って文章を圧縮しています。

文章を圧縮する技術を使うと、情報の密度が高くなり、それだけ読み手には負担がかかります。そのことに十分留意する必要があります。

□ ほどほどに短くする

明快な文章を書くために必ず挙げられる心得が「短く書く」です。

文章の基本構成は主語と述語からなります。「これは本です」「唇が赤い」。基本構成の内容をなるべく早く読み手に伝えることが、わかりやすさの第一歩です。

そのためには**主語と述語はなるべく近づける**ことです。主語の修飾語を減らし、主語と述語を接近させると、文章は自然に短くなります。

日本語は述語が文末に来るので、結論は最後まで持ち越されます。文章が長くなればなるほど、読み手が文末に到達するまでに抱える情報量は多くなり、負担が増えます。短く切ることは、それに対する防御策です。

◆ この時期の日本経済には、バブル崩壊と人口減少、世界の政治構造の変革の三重の重荷がのしかかった。

◇ この時期の日本経済には三重の重荷がのしかかった。バブル崩壊と人口減少、世界の政治構造の変革だ。

文章を分割することで、この一文が「日本経済の重荷」を主題とし、「重荷は3つある」ことが、いち早く読み手に伝わるようになります。

もう一つ、**短い文は明快でスピード感にあふれ、自信に満ちた印象を与える**という効果があります。

◆ プロットは起承転結の4つのパートからなり、起承で事件の発端と経過を述べ、転でどれだけ展開に変化を付けるかが成否の鍵を握る。

◇ プロットは起承転結の4つのパートからなる。起承で事件の発端と経過を述べる。転でどれだけ展開に変化を付けるかが成否の鍵を握る。

短ければいいかというと、必ずしもそうは言えません。**長い文章を小間切れにすると煩瑣になることがあるばかりか字数が増えます**。例文を見てください。

◇ フライパンに油を熱してベーコンを炒め、玉ねぎ、ほうれん草の順に入れて、さらに炒め、塩、こしょうを加えて混ぜ合わせ、冷ましておきます。

これを小間切れにして短い文章にしてみます。

◆ フライパンに油を熱します。ベーコンを炒めます。玉ねぎ、ほうれん草の順に入れます。さらに炒めます。塩、こしょうを加えます。混ぜ合わせます。冷ましておきます。

何か落ち着かない感じになり、字数も増えました。

◇ フライパンに油を熱してベーコンを炒めます。玉ねぎ、ほうれん草の順に入れて、さらに炒めます。塩、こしょうを加えて混ぜ合わせ、冷ましておきます。

◆ 当社の社員数は22人です。社員数は多くありません。しかし少数精鋭の方針で採用してきました。この結果、ここ３年間は増収が続いています。

◇ 当社の社員数は22人と多くありませんが、少数精鋭の方針で採用してきた結果、ここ３年間は増収が続いています。

後者のほうが短く、落ち着いた印象を与えます。あえてここでは「ほどほどに短く」と注意を促しておきます。

□ コラム

朝、食堂でスウプを一さじ、すっと吸ってお母さまが、

「あ。」

と幽かな叫びをお挙げになった。

太宰治の小説『斜陽』の冒頭だ。

元華族の母の姿を娘がつづっていくこの小説、一度読んだら、冒頭の「あ。」が忘れられない。『斜陽』をこの「お母さま」の「幽かな叫び」で記憶している読者は少なくないのではないか。

結局、この「幽かな叫び」が何によるものなのかは書き手である「私」にもわからないのだが、この一語、一文字には「お母さま」の浮き世離れした育ちの良さが凝縮されているように思う。

本書では小説など文芸の文章は扱わないと「はじめに」に書いた。が、「まったく無駄のない凝縮された文章」というとき、いつもこの「あ。」を思い出してしまう。

漱石の小説『坊つちゃん』は、「だから清の墓は小日向の養源寺にある。」という一文で終わっている。井上ひさしは、この「だから」を「日本文学史を通して、もっとも美しくもっとも効果的な接続言」とたたえた。

それにならえば、『斜陽』冒頭の「あ。」は「日本文学史を通して、もっとも短くもっとも効果的な感動詞」と呼びたくなる。

第4章　要約の原理をつかむ

前章までは長い文章を削ったり簡約化したりする細かな技術を見てきました。

この章で、そうしたテクニックを根底で支える考え方、原理を考えます。**大前提は文章の読解力**です。これは自分の書いた文章でも他人の文章でも違いはありません。どういう考え方に基づいて、具体的に**どんな手順で文章を短くしていけばいいのか**、順を追って見ます。

□ 全体から部分へ

初めて行く大きな書店で、ある本を探すとします。

エレベーター横の案内パネルで各階が取り扱っている書籍ジャンルを確認します。「科学／情報処理」か「経済／ビジネス」か「哲学／宗教」か……。目的の階に着いたら、フロア案内図でそのジャンルがどの書棚にあるかを探します。書棚まで行くと、今度は「キーワード」や「著者名」を記した分類プレートを頼りに、探す範囲を絞り込みます。背表紙を一つひとつ見て目的の本を探します。

全体を俯瞰的に把握したうえで現場を歩くと、迷わず最短距離で目的地にたどり着けます。文章も同様です。大まかに内容を把握したうえで読むと、一つひとつの意味がよく理解できます。

新聞一面の「見出し」→「リード」（要約部分）→「記事本文」という展開は、それをわかりやすいかたちで具体化しています。学術論文でも「見出し」→「要旨」→「論文本文」という階層構造をとっています。

要約の作業も、全体から部分へ、概観から細部へ、というプロセスをたどります。具体的には、

（1）全体のイメージをつかむ。目の前の文章が誰に向けて、何を伝えようとしているのかをおおまかに把握します。それが文章の柱であり核です。

（2）全体の構造を把握する。**全体をバラして**意味のまとまりに従って**段落に分け**、**各段落の役割**を見極めます。この過程で文章のテーマも明らかになります。

（3）全体をひと連なりのストーリーを作るように再構成する。この過程でいらない言葉や文章を落とします。最後に全体の流れを眺め、細かく添削して完成です。

このプロセスは植木の剪定作業に似ています。まず全体のイメージをつかんでおいて、大きな枝から落として形を整えていき、次第に細かな枝や葉を丁寧に刈り込みます。

各プロセスについてくわしく見ていきます。

□ 全体のイメージをつかむ

最初のポイントは、全体のイメージをつかむことです。

この文章は何について書いているのか、読む者にどんなことを伝えようとしているのか、そもそもどんな読者を想定しているのか。

それらをざっくりとでも把握しておかないと、これから始める要約という作業の方向性を見失ってしまいます。どこを削って、最低限何を残しておけばいいのかがわからなくなります。**文章の全体イメージをつかむことは要約作業の基本**です。

たとえば防衛白書なら、防衛省が日本の防衛施策に関する現状分析や事後報告を国民に向けて公表した文書です。折り込みチラシなら、店舗が地域の消費者に向けて商品を買ってもらうようアピールした宣伝文書です。

次の例文はどうでしょう。

◆ このたび諸般の事情により当社は左記に移転することとなりました。新しい社屋では食品部が新たに開設される予定です。併せて本社及び支店で週休二日制を実施します。今後ともご支援賜りますようお願い申し上げます。

全体のイメージをつかむためには**「誰が」「何を」「誰に向けて」「どんな目的（理由）で」「どういう形で」**伝えようとしているかを考えてみることです。

ここでは、例文が持つ役割、機能、目的、方向性を大まかにつかむことを考えます。これは

「誰が」＝「ある会社が」

「何を」＝「自社の組織上の変化を」

「誰に向けて」＝「関係者（取引先や顧客）に向けて」

「どんな目的で」＝「取引や販売が円滑に行なわれるように」

「どんな形で」＝「おそらくメールや手紙などの手段で」

告知した文章です。

「住所移転」「食品部開設」「週休二日制実施」といった要素は「組織上の変化」の中味です。「諸般の事情」は「変化」の理由ですが、明らかにはされていません。「今後ともご支援賜りますようお願い申し上げます」は、いわば社交辞令です。

全体のイメージを考えながら、この文章を半分くらいに要約してみます。

◇ 当社は左記に移転します。新社屋では食品部を新設する予定です。併せて全社で週休二日制を実施します。

□ 文章の目的を明確にする

全体のイメージの中でも、文章の目的は大事です。何を目的にした文章かによって、残す部分、削る部分が異なるからです。

目的をはっきりさせることで、伝えるべきさまざまな情報の重要度が明らかになり、添削の基準ができます。

たとえばガイドブックなら「情報や知識を伝える」のが目的です。マニュアルや解説書なら「説明して理解させる」、企画書や小論文ならば「主張して説得する」。

海外旅行の紹介文でも、目的によって必要とする情報は異なります。

観光目的なら「グルメ・ショッピング」「お土産」「天候」に関する情報が優先されます。仕事ならば、「交通事情」「インターネット環境などの通信事情」などが重要視されるでしょう。

旅行対象者がベテランなのか初心者なのか。友だちと行くのか1人で行くのか。男女の別、世代の別、旅行先の別、それぞれによっても必要とする情報は違います。

人物紹介について考えてみます。その人物の輪郭を伝えるときに最もポピュラーな文書は履歴書です。

項目としては必ず「氏名」「生年月日」「国籍」「現住所」「連絡先」「学歴・職歴」が挙がります。

これが一般企業就職に向けた履歴書なら「資格・免許」「志望動機」「特技・趣味」などがこれに続きます。

研究機関への就職なら、「修士」「博士」の「取得年」や「取得大学」「論文題目」が必須項目になります。

縁談の釣書（身上書）なら、「趣味」のほか「家族構成」「健康状態」「身長・体重」「血液型」などが加わるでしょう。

対象者の立場に自分を置いてみる。何が必要か、何が重要かを考える。そうして項目を選択していきます。

本書の文章の場合はどうでしょう。本書の目的は「文章を短くわかりやすくする手順とコツを簡潔に伝えること」です。

つまり文章要約のマニュアル書、ハウツー本であり、その目的に奉仕しない文章の重要度は当然低くなり、削除候補になります。

このため、当初は先行の文章作法書からの引用箇所がもっと多かったのですが、どんどん落としていきました（少しだけ残っています）。

では各章の最後にあるコラムはどうなのか。読者の息抜きのつもりで挿入しましたが、むしろ書き手の息抜きになっているようです。

□ 全体をバラす

ここまでは要約作業の基本です。要約のプロセスは縮尺、つまり原文の長さと目標とする要約文の長さ（字数制限）によって異なります。ここでは200〜400字の原文を半分にする過程を見ます。

実際の要約作業は読解力を生かして直感的に進みますが、文章の構造を理解するためのプロセスを追っていきます。

全体のイメージ、文章の方向性がおおよそわかったら、次に文章全体の構造をつかみます。そのためにいったん**全体をバラして、それぞれの文章、段落が持つ役割を把握します。**具体的に見ます。

4

◆ 総務省は選挙人名簿登録者数を発表した。「1票の格差」は衆院小選挙区で前年同時期の2.31倍から2.35倍に、参院選挙区は4.99倍から5.03倍に拡大した。衆院は来春まとまる国勢調査の結果を基に、格差是正に向けた小選挙区の区割り見直しを始める。参院も今年の選挙における最大5倍の格差を違憲状態とする高裁判決を受けて選挙制度改革論議を本格化させる。

文章の全体イメージは「選挙制度に関する国の動きを一般に伝えるニュース」です。**一文ずつにバラします**。

(a) 総務省は選挙人名簿登録者数を発表した。
(b)「1票の格差」は衆院小選挙区で前年同時期の2.31倍から2.35倍に、参院選挙区は4.99倍から5.03倍に拡大した。
(c) 衆院は来春まとまる国勢調査の結果を基に、格差是正に向けた小選挙区の区割り見直しを始める。
(d) 参院も今年の選挙における最大5倍の格差を違憲状態とする高裁判決を受けて選挙制度改革論議を本格化させる。

それぞれの文章の内容と役割を検討します。

(a)はこの文章全体が「総務省の発表」によっているという大枠を示しています。本論に入るためのきっかけであり、**導入、**契機に当たります。

(b)は(a)の導入から展開した**本論**です。「1票の格差」というキーワードが登場、具体的な数字を示しています。

(c)と(d)は、(b)の本論「1票の格差拡大」を受けた後の両院の対処です。衆院と参院という差はありますが、文章の役割は同じです。**締め**に当たります。

この文章は「導入 (a)」→「本論 (b)」→「締め (c)(d)」の3段構成をとっています。

□ 段落に分ける

3段構成に従って、原文を段落分けしてみます。

段落は、いくつかの文章からなる「意味のひとまとまり」を、「改行して1字空ける」ことで視覚的に示したものです。

> ◇　総務省は選挙人名簿登録者数を発表した。
>
> 「1票の格差」は衆院小選挙区で前年同時期の2.31倍から2.35倍に、参院選挙区は4.99倍から5.03倍に拡大した。
>
> 衆院は来春まとまる国勢調査の結果を基に、格差是正に向けた小選挙区の区割り見直しを始める。参院も今年の選挙における最大5倍の格差を違憲状態とする高裁判決を受けて選挙制度改革論議を本格化させる。

段落がないときよりも、全体の構造、骨組みが明確になりました。この文章の核は2段落目に集約されていることがわかります。

段落分けは段落ごとの「意味のまとまり」を構造的に理解するために有効です。

読み手は**改行というサインによって話題や論点の変換**

をあらかじめ知ることができます。また書き手の思考をたどるように全体を俯瞰的に把握する手がかりを得られます。

以上は文章を読解するための方法ですが、当然、文章を書くときも段落を意識する必要があります。

段落は文章が長くなったから改行して設けるのではなく、**文章の内容、性質、場面が変わったところで区切ります**。1つの話題、1つの論点を1つの段落にまとめます。1行で改行してもかまいません。

以前に比べて本でもレポートでも、文字がぎっしり詰まった紙面は敬遠される傾向にあり、改行の頻度はどんどん増えています。パソコンやメールが普及したせいか、最近は余白の多いページが好まれるようです。

しかし、あまり頻繁に改行すると、今度はかえって構造的な把握が難しくなります。本書は50～150字（2～6行）くらいで改行しています。これはかなり頻繁なほうです。あくまで文章の内容、性質に従います。

◻ テーマをつかむ

文章を要約するためには何を捨てるかを選びます。何を捨てるかは、何を残すのかを選ぶことです。何を残すかを見極めるためには、**文章全体で伝えようとしていることは何か**を把握する必要があります。

それをテーマ（主題）と呼びます。メッセージやコンセプトでもかまいません。この章の冒頭で述べた「全体のイメージをつかむ」「文章の目的を明確にする」から、さらに輪郭をはっきりさせる作業です。

テーマの把握は文章の要約に最も大切な作業です。テーマをつかむことで、**何を捨てていけばいいのかが明確になり、最終的な要約文のイメージが浮かんできます**。

自分の中でテーマがはっきりしていても、問題はそれが文章で表現されているかどうかです。例文を見ます。

◆　イスラム教女性のスカーフ着用問題は欧米の一大トピックであり、宗教的摩擦のシンボルとなっている。特にフランスは2004年に公立学校で子どもらにスカーフ着用を禁じるような法律を制定して波紋を呼んだ。

スカーフ着用の義務は割礼同様、人権抑圧・女性差別の象徴だと人権団体は訴える。逆に着用禁止こそ自由の侵害だとムスリム女性側から裁判やデモに訴える動きが各地で起きている。イスラム社会の中でも賛否両論、分かれているという。

フランスのいう政教分離原則を徹底するならば、役所や学校では十字架のペンダントも数珠もだめ、クリスマスツリーもだめということになる。習俗や伝統文化だというならスカーフだってそうだ——というのが文化相対主義の立場。この立場も突き詰めると、異文化批判は一切封じ込まれ、道徳や正義という概念は雲散してしまう。さあ、どうする？

とりあえず、異文化批判に宿りがちな自文化への優越意識に自覚的であること。そのあたりから始めよう。

文章のテーマは通常、文章の最初か最後に盛り込まれています。テーマをつかむコツは、**文章の中にあるキーワードを見つける**ことです。キーワードに関係する言葉は文章中に**頻出する傾向**があります。この文章には、「スカーフ」が４回、「文化」を含む言葉が５回登場します。

コラムのテーマは「スカーフ問題に見る異文化摩擦」です。「異文化批判の際に陥りがちな自文化への優越意識に自覚的でありたい」というメッセージを添えています。

□ 役割を見極める

全体像をつかみ、テーマを把握できたら、**各段落が全体の中でどういう役割を果たしているか**を検討します。ポイントはその**役割が文章の中心となるテーマとどういう関係にあるか**です。

(1) イスラム教女性のスカーフ着用問題は欧米の一大トピックであり、宗教的摩擦のシンボルとなっている。特にフランスは2004年に公立学校で子どもらにスカーフ着用を禁じるような法律を制定して波紋を呼んだ。

＝テーマの提示

「スカーフ問題における異文化摩擦」というテーマを冒頭で示し、問題を提起します。

(2) スカーフ着用の義務は割礼同様、人権抑圧・女性差別の象徴だと人権団体は訴える。逆に着用禁止こそ自由の侵害だとムスリム女性側から裁判やデモに訴える動きが各地で起きている。イスラム社会の中でも賛否両論、分かれているという。

＝テーマの具体例

(1)の問題提起に対して、具体的な「異文化摩擦」の内容を紹介します。

4

(3) フランスのいう政教分離原則を徹底するならば、役所や学校では十字架のペンダントも数珠もだめ、クリスマスツリーもだめということになる。習俗や伝統文化だというならスカーフだってそうだ－というのが文化相対主義の立場。この立場も突き詰めると、異文化批判は一切封じ込まれ、道徳や正義という概念は雲散してしまう。さあ、どうする？

＝テーマの普遍的問題

(2)の具体例を受けて、賛否対立する双方がはらむ普遍的な問題を展開します。

(4) とりあえず、異文化批判に宿りがちな自文化への優越意識に自覚的であること。そのあたりから始めよう。

＝テーマに対する意見

(3)が投げかける問いに対する筆者の意見を述べて、問題提起への回答としています。

このコラムは典型的な起承転結の４段構成になっています。４段構成の内容については後述します。

□ 段落ごとに縮約する

縮約型の要約で最もわかりやすい方法は、**各段落を要約し、それをつなげる**作業です。例文の（1）～（4）をそれぞれ要約してみます。

（1）**イスラム教女性のスカーフ着用問題は、欧米では宗教的摩擦のシンボルだ。フランスの公立校では着用を禁じる法律が制定された。**

冒頭の「イスラム教女性のスカーフ着用問題は欧米の一大トピックであり、宗教的摩擦のシンボルとなっている」が、この段落の命題です。「特にフランスは」から始まる文章は命題の具体例です。具体例は削れますが、（3）の「政教分離」と対応させるために残します。

（2）**着用強制は女性差別、着用禁止は自由侵害と賛否は分かれている。**

（1）にならえば、最後の「イスラム社会の中でも賛否両論、分かれているという」が命題で、前の2文は、賛否の具体例です。「着用の義務」を「着用強制」と言い換えて「着用禁止」と対句構成にしました。

(3) **政教分離を理由に禁止を徹底すれば、学校にクリスマスツリーも飾れなくなる。伝統文化を理由に強制を正当化すれば異文化批判ができず、正義と道徳が雲散する。**

着用賛成派、反対派双方の主張を展開して、テーマである「異文化摩擦」の普遍性を提起します。大切な箇所です。「スカーフだってそうだ」→「着用強制も伝統文化だ」→「伝統文化を理由に強制を正当化する」と言葉を補って趣旨をクリアにします。

(4) **まずは異文化批判に宿りがちな自文化への優越意識の自覚から始めよう。**

(1)から(4)をつなげると、原文の半分になります。

◇イスラム教女性のスカーフ着用問題は、欧米では宗教的摩擦のシンボルだ。フランスの公立校では着用を禁じる法律が制定された。着用強制は女性差別、着用禁止は自由侵害と賛否は分かれている。政教分離を理由に禁止を徹底すれば、学校にクリスマスツリーも飾れなくなる。伝統文化を理由に強制を正当化すれば異文化批判ができず、正義と道徳が雲散する。まずは異文化批判に宿りがちな自文化への優越意識の自覚から始めよう。

要約の手順

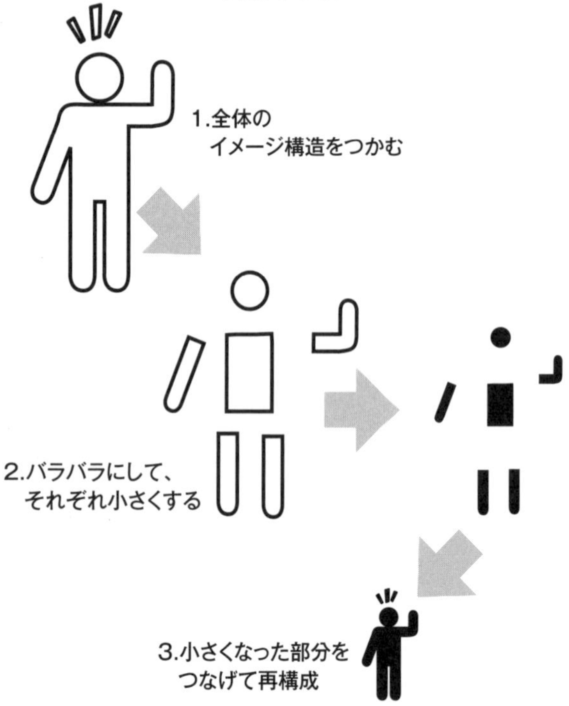
1.全体の
イメージ構造をつかむ
2.バラバラにして、
それぞれ小さくする
3.小さくなった部分を
つなげて再構成

□ 文章を再構成する

各段落を縮めてつなげる方法は、構成がしっかりした文章には有効です。しかし、実際は論理に飛躍があったり、話があちこちに飛んだりしています。その場合は、**いったん全体を解体し、原文の順番を無視して再構成する**必要があります。例文を見ます。

◆ 高齢化社会において老齢者や障害者の介護は他人ごとではない。明日、親が弱者となるかもしれない。新聞やテレビは介護を原因とする虐待を日々報じている。効率性を重視する企業は弱者を切り捨てている。老老介護者による心中事件も珍しくなくなった。自分もいつか当事者になるだろう。行政は財政難を理由に福祉政策を縮小する傾向にある。社会が窮しているとき、弱者とは隣人のことであり、明日の自分のことである。

この文章はいくつかの話題がバラバラに並んでいるために、内容がすっと頭に入ってきません。大きく３つの話題に分けられます。その３つとは

(1) **文章自体のテーマである「介護は他人事ではない」という話題。**

「高齢化社会において老齢者や障害者の介護は他人ごとではない」

「明日、親が弱者となるかもしれない」

「自分もいつか当事者になるだろう」

「社会が窮しているとき、弱者とは隣人のことであり、明日の自分のことである」

(2) **社会で介護を原因とした事件が起こっているという話題。**

「新聞やテレビは介護を原因とする虐待を日々報じている」

「老老介護者による心中事件も珍しくなくなった」

(3) **社会によって弱者が追い込まれているという話題。**

「効率性を重視する企業は弱者を切り捨てている」

「行政は財政難を理由に福祉政策を縮小する傾向にある」

(1)(2)(3)を**それぞれ１文に要約**して並べてみます。

(1) 高齢化社会において老齢者や障害者の介護は他人ごとではない。

(2) 新聞やテレビは、介護を原因とする虐待や心中事件をさかんに報じている。
(3) 企業や行政は弱者を冷遇する傾向にある。

これをつなげれば、要約文が完成します。

◇ 高齢化社会において老齢者や障害者の介護は他人ごとではない。新聞やテレビは、介護を原因とする虐待や心中事件をさかんに報じている。企業や行政は弱者を冷遇する傾向にある。

再構成するときのモデルは、文章の基本型となる3段構成、4段構成です。**構成の基本型を頭に入れておけば、文章の論旨がクリアとなり、全体の中で各段落、各文章の重要度を判別する手がかりとなります。**

上記の要約文の末尾に「結」に当たる一文を加えて4段構成にすると、文章として据わりがよくなります。

◇ 高齢化社会において老齢者や障害者の介護は他人ごとではない。新聞やテレビでは、介護を原因とする虐待や心中事件をさかんに報じている。企業や行政は弱者を冷遇する傾向にある。社会が窮しているとき、弱者とは隣人のことであり、明日の自分のことである。

3段構成

90ページの例文「1票の格差拡大」は3段構成の記事でした。

3段構成はさまざまに表現できます。序論－本論－結論が一般的です。導入－展開－整理でもあり、能楽の演出でいえば序－破－急です。最もなじみ深いのが書籍の構成でしょう。

(1) 序章（プロローグ）
(2) 本章
(3) 終章（エピローグ）

これが一つの事件を記したノンフィクションならば、

(1) 発端
(2) 経過
(3) 結末（後日談）

という形を多くは取ります。序章に誰もが知る「結末」を持ってきて、それから事件を振り返る回顧型の形式もあります。実用本や解説書なら

(1) まえがき

(2) 本論

(3) あとがき

という構成も考えられます。要はこういうことです。

(1)書こうとする内容の導入部。話題の提供、主題の提示、問題の提起、事件の発生。

(2)導入を受けた主題の展開。具体的な経過、説明、解説、分析。

(3) (1) (2)を受けた最終的な判断、認識、結論、展望。まとめ。結末。解決。

自分の身近にある文章がどういう構成をとっているか、日ごろから検討する練習をしておけば文章要約の訓練になります。

■ 4段構成

起承転結で表わされる4段構成は、最も基本的な文章の構成スタイルです。もともとは漢詩の絶句の構成で、まんがジャンルにおける「4コマまんが」の定着は、この形式が**一つの物語や話題の基本型である**ことを示しています。

記事やレポート、企画書といった**実用文書の論理展開も、発端から経過、ヤマ場を迎えて解決に至る起承転結のストーリーとして見る**ことができます。この場合、**要約文とはドラマのあらすじ**に当たります。

(1) 起——導入＝舞台設定＝発端
(2) 承——敷延＝発展＝経過
(3) 転——意外な展開＝ヤマ、頂点
(4) 結——結末＝大団円、解決

これが論文、論説になれば

(1) 事実
(2) 事実に対する意見と論証
(3) 異なる意見
(4) 結論

実験・調査の報告なら

(1) 事実と問題提起
(2) 仮説の提示
(3) 実験・調査の報告
(4) 結論

となります。

長い文章なら「承」や「転」の中味が入れ子構造のように、さらに起承転結の構造を取ります。まとまった長い文章も分析してみると、多くはこの4段構成となっていることがわかります。たとえば、こんな構成です。

(1) 起
(2) 承 ―― (a) 起
　　　　　(b) 承
　　　　　(c) 転
　　　　　(d) 結
(3) 転
(4) 結

文章の構造をつかむ

[3段構成]

序章	経過	終章
発端	本章	結末
まえがき	本論	あとがき

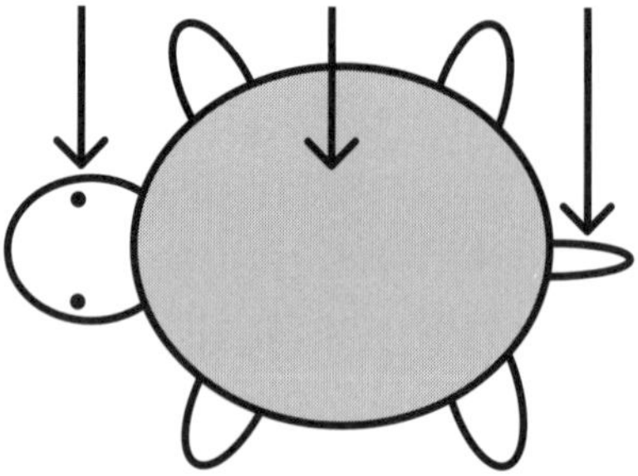

[4段構成]

起	承	転	結
導入	発展	ヤマ	結末
事実	意見・論証	異論	結論

□ 構造を図式化する

文章を“因数分解”して要約するプロセスを見てきました。ここからはその**プロセスを効率的に進めるための方法**を紹介していきます。

まず、図式化です。全体像をつかみ、テーマと各段落の内容を把握できた段階で、それを**フローチャート（流れ図）に表わすと、全体の構造が視覚化されて、それぞれの役割や重要度が明確に位置づけられます**。

94ページの「スカーフ問題における異文化摩擦」の例文を図式化してみます。「役割を見極める」「段落ごとに縮約する」の説明を見ながら確認してください。

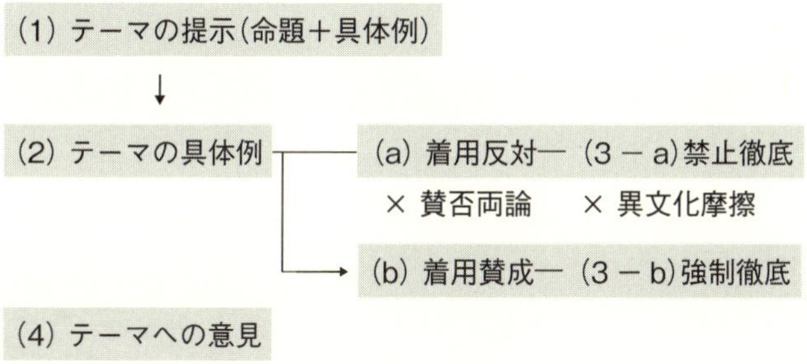

図式化すると、各段落、各文章、各節が階層化されて全体のテーマに対してそれぞれが果たす役割がはっきりします。

「異文化摩擦」というテーマの提示を受けて摩擦の具体例を紹介します。具体例は着用反対と着用賛成の２つに分かれます。次に賛成、反対の主張がそれぞれにはらむ普遍的問題を提示します。相反する主張を受けて、最後に「スカーフ問題」を一般化し、筆者の意見で締め括っています。

例文は構成が比較的シンプルかつ明確です。しかし、文章によっては必ずしも各段落の内容は明確ではなく、無駄な情報も盛り込まれています。このため、その役割や相互の関係がはっきりわからないことがよくあります。そんなときこそ図式化が役に立ちます。

まずテーマを中心に内容と役割が明確な段落から視覚化していき、不明確な段落を少しずつ少なくしていく。そうして文章の全体像を浮かび上がらせます。

どこにも関連づけられない段落は、文章全体のテーマに“奉仕していない”、つまりどの文章とも有機的に結びついていない段落です。まっさきに削除候補となります。

構造が図式化できれば、段落を落としたり入れ換えたりすることで、３段構成や４段構成などに組み換える準備が整ったことになります。

□ 接続語を手がかりにする

　文章の構造を把握するために、**接続語の役割を理解することが手がかり**になります。

　第２章の「つなぎの言葉を捨てる」で、接続語は「読み手に文章の論理展開を指し示す羅針盤のような役割を持つ」と説明しました。

　羅針盤の針が示す方向にどういうものがあるか。整理の仕方はいろいろありますが、要約という目的を考えて分類してみます。

＜広げる＞

順接＝「だから」「従って」「なので」「それゆえ」「ゆえに」「それで」

理由＝「なぜなら」「というのは」「というのも」

例示＝「たとえば」「具体的には」「例を挙げると」

＜対立する＞

逆接＝「しかし」「けれども」「だが」「ところが」「でも」「それとも」

限定＝「なお」「もっとも」「ただし」

＜変える＞

転換＝「ところで」「一方」「さて」「では」

箇条＝「はじめに」「第一に」「次に」「最後に」

＜並べる＞

並列＝「また」「並びに」「および」「そのほか」「あわせて」「同様に」「かつ」

選択＝「あるいは」「もしくは」「または」

累加＝「そして」「さらに」「そのうえ」「しかも」「おまけに」「加えて」「ちなみに」

＜まとめる＞

換言＝「要するに」「つまり」「すなわち」「いわゆる」「いわば」

結論＝「とにかく」「いずれにせよ」「要するに」

それぞれの役割と要約との関係を考えてみます。

「**並列**」「**累加**」の場合は、等価の情報が並ぶので削除候補になります。

「**選択**」「**例示**」の場合は、テーマを補完する部分なので、これも削除候補です。

「**換言**」はわかりやすく言葉への言い換えや要約を意味するので注目箇所です。

「**結論**」は文章全体を受けたまとめなので、重要な箇所であることを示します。

役割のいろいろ

テーマとの関係から見た段落や文章、情報の役割を明確にする作業は、実際にはそう簡単ではありません。

前述の例文では、テーマの「提示」「具体例」といった言葉を選びましたが、もっとあいまいで言葉にしにくい内容のものもあります。その際、**「役割のボキャブラリー（語彙）」を多く持っていると便利**です。

起承転結の４段構成を例に、役割を表わす言葉を目安として拾い出してみます。

(a) 起＝ 導入、発端、契機、提案、話題提供、仮説、命題

(b) 承＝ 経過、背景、傾向、一般論、現状、解説、分析
理由、目的、動機、原因、意義、意味
具体例、実態、実例、証拠、体験談、資料
見解、評価、解釈、推理、感想、属性

(c) 転＝ 原理、原則、理論
課題、問題点、改善点、条件
反論、異論、対比、対照、例外

(d) 結＝ 結果、結末、効果、影響、対応策、解決策、
展望、まとめ、予測、見通し
提案、勧告、警告

役割の重要度

要約作業を進める際に、役割によって重要度に差が出ます。さらに同じ役割でも文脈によって重要度は異なります。いくつか例を挙げます。

(a) **命題と具体例**

日本語は一人称の使い分けが複雑だ。「わたし」「ぼく」「おれ」の違いはもちろんだが、「わたし」「わたくし」「あたし」の間にも微妙にニュアンスの違いがある。

前半の「日本語は一人称の使い分けが複雑だ」は「命題」で、後半はその具体例です。命題抜きには具体例は成立しないので、**命題のほうが重要**です。

(b) **事実と見解**

今日の東京株式市場は、外国為替市場の円高ドル安傾向で、取引を手控えようとする動きが強まった。この傾向は明日以降も続くと見られる。

前半は「事実」で、後半は書き手の「見解」です。前半が**新たな情報なら「事実」のほうが重要**ですが、**既知の情報なら「見解」のほうが重要**になります。

(c) **原因と結果**

> 今回の世論調査で内閣の支持率は急落した。首相の指導力欠如が最大の要因だろう。

原因よりも結果が重要です。しかし「支持率急落」という**結果が既知の情報の場合、原因が文章の主眼**となります。

(d) **意見と異論**

> 以前から家族の崩壊が叫ばれてきた。家族の再定義を試みる論者もいる。だが共同体の原初的な単位である家族は案外、頑強にできているものだ。

異なる意見が併記された場合は、**書き手の意見が最も重要**です。

□ 足し算型の要約

これまで見たのは、重要度の低い言葉から落として半分ほどに簡約化する要約方法です。こうした地道なやり方とは別に、大づかみの短文に仕立てる方法があります。「テーマをつかむ」で記した文章中のキーワードを見つけ出し、それを核に最小限の言葉を付け加える方法です。情報を削っていく前者を「引き算型」と呼ぶなら、これは「足し算型」です。ワンフレーズの短い要約文にする場合に適しています。

キーワードに付け加える言葉は、事実を構成する基本要素「5W1H」が手がかりになります。

いつ（when）
どこで（where）
だれが（who）
なにを（what）
なぜ（why）
どのように（how）

場合によっては以下も加えます。

だれ（なに）に対して（to whom）
だれと（with whom）

どれほど（how much）

「5W1H+ α」には以下のような情報が該当します。

いつ = 世紀、年月日、季節、開始時、期限、
スケジュール

どこで = 場所（国や地域）、位置、地点

だれ（なに）が = 個人、人数、団体、組織、肩書き、
続柄

なにを = 対象、出来事、データ、内容、種類、性質

なぜ = 理由、原因、目的、動機、狙い、背景、必要性

どのように = 手段、方法、段取り、進め方、様子、状態

だれ（なに）に対して = 個人、人数、団体、肩書き、続柄

だれと = 個人、人数、団体、肩書き、続柄

どれほど = 数量、分量、人数、範囲、頻度

足し算型の要約は、核となるテーマをいかに正確につかむかにかかっています。そのためには総合的な読解力が必要です。

足し算型の要約・その2

例文を見て考えます。

◆ 自転車による事故が非常に増加しています。市内の交通事故の半数以上は自転車によるもので、この中には自転車のルール違反によるものも多く含まれています。正しい乗り方をしなければ、他人にけがをさせることもあるほか、最悪の場合、死に至らしめることもあります。最近改正された自転車に関するルールを知っていただくため、市では平成20年からご希望の方に自転車ルールブックをさしあげています。このルールブックは親子でイラストを見ながら一緒に自転車の正しい乗り方をやさしく学べる内容になっています。

「市が市民に向けて、自転車のルールブック配布を伝えている」。これがこの文章の全体イメージです。

キーワードは、まず6回出てくる「自転車」です。「ルールブック」「ルール」「事故」は2回出ます。

自転車がいったいどうしたというのか、事実を構成する「5W1H+ α」に沿って考えます。

いつ＝平成20年から

どこで＝　＊　＊　＊

だれが＝市では

なにを＝自転車ルールブックを

なぜ＝自転車による事故が非常に増加しています（背景）最近改正された自転車に関するルールを知っていただくため

どのように＝　＊　＊　＊

だれに対して＝ご希望の方に

だれと＝　＊　＊　＊

どれほど＝　＊　＊　＊

これを順番を入れ換えながら、つなげて要約文を作ります。

◇ 自転車事故が急増しています。最近改正された自転車に関するルールを知っていただくため、市は平成20年からご希望の方に自転車ルールブックをさしあげています。

テーマを核に最小限の基本情報を付け加えていく。ここではそのプロセスを方法化していますが、実際にはもっと直感的に進めていきます。

□ コラム

「いらっしゃいませ、こんにちは」という接客言葉は、コンビニ、ファストフード店を中心にかなり定着している。この現象に対する不快感、違和感を指摘する声は多い。

先日、飛行機に乗った際、軽い衝撃を受けた。客室乗務員の若い女性がこの接客言葉を使っていたからだ。

一瞬、空耳かと思った。しかし、それはやはりあの「いらっしゃいませ、こんにちは」だった。

航空会社名は伏せる。当然、乗務員の教育マニュアルにそんなあいさつはないだろう。実際、使っているのは彼女一人だけだった。

おそらく無意識に使ったか、思わず口を衝いて出たに違いない。全国のコンビニ店員たちだって誰に教えられるともなく、いつの間にか使っていたのではないか。

ということは、このあいさつには日本人が思わず使いたくなる何らかの要因が隠されていると考えたほうがよさそうだ。

とりあえず、七五調に基づく4拍子が基調となっているという言語学的な特徴が指摘できる。へりくだった接客言葉に親しげなあいさつが付け加わるという心理学的な要因も考えられる。

「いらっしゃいませ、こんにちは」の対になる接客言葉は「ありがとうございました、さようなら」だろう。が、いまだこの言葉を聞かない。なぜか。別の分析が必要だ。

第５章　文章をわかりやすくする

この章では言葉を言い換えたり記号を使ったり、読み手の視覚に訴えるなどして、なるべく少ない字数でわかりやすい文章にするための工夫を考えます。

和語を漢語にする

日本語は和語と漢語（漢字の熟語）に大別できます。

漢語が便利なのは、**和語に比べて少ない字数で多くの意味を表せる**ことです。文章の凝縮には欠かせません。

◆　女の人にとって人生における最も大きな事件は、子どもを産むことではないでしょうか。男の人にとっては、いちばん初めにする結婚かもしれません。

◇　女性にとって人生における最大の事件は出産ではないでしょうか。男性にとっては最初の結婚かもしれません。

「女の人」と「女性」、「最も大きな」と「最大」、「一番初めにする」と「最初にする」で意味の違いはありません。

漢語は字面を見ただけで瞬時に意味が理解できるという優れた働きがあります。「もっともおおきな」と「最大」を比べてみてください。

少ない字数で多くの意味を表わせるという意味では、四字熟語はその最たるものです。

◆ 彼の議論は本質から外れた些細なところにこだわっている。

◇ 彼の議論は枝葉末節にこだわっている。

四字熟語は文脈に合って使っているかどうかが勝負です。そのためには意味する内容を正確に把握しておくことが前提となります。安易に使うと紋切り型にも陥ります。

イメージで言えば、和語はやさしく、漢語はいかめしい。「株式時価総額極大化経営」など漢字があまり長く続くと、逆にわかりづらくなります。

□ 外来語を言い換える

外来語を日本語（和語・漢語）に言い換える手もあります。外来語はわかりにくいものがあるうえ字数をとります。

◆ 先行事例については徹底的にリサーチした。

◇ 先行事例については徹底的に調べた。

国立国語研究所は2003年から2006年にわたり4回にわたって、外来語を日本語に変える提案を発表しました。これはインターネットでも閲覧可能です。書籍化されてもいます。（国立国語研究所「外来語」委員会編『外来語 言い換え手引き』2006年、ぎょうせい刊）

たとえばディベート→議論、マスタープラン→基本計画、イノベーション→技術革新、フレームワーク→枠組み、インキュベーション→起業支援、トレーサビリティー→履歴管理、などです。

わかりやすい文章のために**安易な外来語使用は控えるべきです**。ただ、一概に日本語への言い換えが薦められるわけではありません。

国語研究所の提案のように「リアルタイム」を「即時」、「バリアフリー」を「障壁なし」と単純に言い換えると、文意をそこねることがあります。**外来語でしか表現できない、あるいは外来語のほうがうまくニュアンスが伝わる言葉もあります**。

たとえば本書では、「ボキャブラリー」とするか「語彙」とするかで迷った末に「ボキャブラリー（語彙）」と表記しています。

□ 疑問形を言い換える

まず例文を見てください。

◆ 総会では博物館になぜ学芸員が必要なのかについて質疑があった。

◇ 総会では博物館に学芸員が必要な理由について質疑があった。

「だれが」「なにを」「いつ」「どこで」「なぜ」「どのようにして」「どれくらい」といった疑問形は、名詞を使う言い換えによって簡潔に表現できます。

◆ 乱雑に散らかった情報について何が必要で何が不要か、どれが大事でどれが大事でないか。ぱっと判断して、捨てるものは捨てる、残すものはしかるべきところにしまう。

◇ 乱雑に散らかった情報の必要性や重要度について、ぱっと判断して、捨てるものは捨てる、残すものはしかるべきところにしまう。

□ 語調を変える

敬語を含む「ですます体」を敬体、敬語を含まない「である体」を常体と言います。文章作法書には必ずといっていいほど「語調の統一」が説かれています。「ですます」と「である」が混在してはいけない、と。

文末をどう終わるかは、日本語で文章を書く際の一大テーマです。文の末尾に述語が来るため、へたをすると、「です」「ます」「です」「ます」、「した」「した」「した」と同じような語尾が続いて単調になってしまうからです。

本書ではそうした文章のリズムや調子は論じません。問題は文章の長さとわかりやすさです。

5

ですます体を律儀に使っていると字数を取ります。**場合によっては常体と敬体を混在させたほうが効果的**です。

◇ 木と木を組む伝統建築のプロセスを見ていると飽きません。それほど木組みは面白い。感動します。

文章指南書の古典である谷崎潤一郎の『文章読本』は敬体で書かれていますが、時に常体も混在します。優れた文章を書くためには、もうこれ以上縮めることはできないというところまで字数を減らす必要がある、と述べるくだりを引用します。

> が、申すまでもなく、これは口で云うようにわけなく出来る仕事ではないのであります。まず練習の方法としては、只今述べた方針に従って能う限り壓縮した文章を作ってみる。しかし最初は、少しの無駄のないようなものが一度で書けるはずはないので、読んでみると無駄が眼につく。で、その無駄を削っては読み返し、削っては読み返しして、削れるだけ削る。そのためにはセンテンスの構造や言葉の順序を取り変えたり、全然用語を改めたりする必要も起こる。（以下略）

敬体は読み手に話しかける叙述スタイルです。書き手の思索や心中のつぶやきを表わすには向いていないとも言えます。その際は、常体のほうが表現しやすい。

ただし常体でも、学者言葉と呼ばれる「である」や「のである」は、大仰でえらそうな感じを与えます。強調表現の一種ですが、意見の押しつけとも受け取られかねません。場合に応じて削ったり、「だ」に換えたりしたほうが素直です。

◆「日本語では主語が省略される」という見解は、「日本語には主語はない」と言っているようなものである。省略できるようなものは、そもそも「主語」とは言えないのである。

◇「日本語では主語が省略される」という見解は、「日本語には主語はない」と言っているようなものだ。省略できるようなものは、そもそも「主語」とは言えない。

ここでは、**敬体と常体の混在を戒めた原則を踏まえつつ、それにとらわれない**ことを強調しておきます。

■ 名詞・体言止めを使う

究極の要約文は、新聞が社会面の下方にこぢんまりと掲載している死亡記事でしょう。限られた文字数の中に、死亡した人の氏名、よみがな、肩書き、死亡日時、死因、死亡場所、年齢、出身地、自宅住所、葬儀・告別式の日取りと場所、喪主といった情報を盛り込んでいます。

ここには**最小限の分量で最大限の情報を伝える**技術が凝縮されています。例文を見ます。

作家の井上ひさしさん死去

「吉里吉里人」「ひょっこりひょうたん島」など、笑いと社会批評を織り交ぜた戯曲や小説、エッセーを数多く発表、平和運動にも取り組んだ劇作家、作家で文化功労者の井上ひさしさんが9日午後10時22分、肺がんのため神奈川県鎌倉市の自宅で死去した。75歳。山形県出身。葬儀は近親者のみで行なう。喪主は妻ユリさん。

上智大在学中に東京・浅草の劇場「フランス座」で文芸部員になり、執筆活動に。1964年放送開始の「ひょっこりひょうたん島」(共作)で注目を集め、72年に戯曲「道元の冒険」(71年初演)で岸田国士戯曲賞、小説「手鎖心中」で直木賞を受賞。権力と庶民、戦争責任といった重厚なテーマを、言葉遊びやユニークな人物描写で軽やかに描いた。

反戦・反核や憲法擁護で積極的に発言。2004年には作家大江健三郎さんらと「九条の会」を結成した。04年文化功労者、09年日本芸術院会員。読売文学賞、吉川英治文学賞、菊池寛賞など受賞多数。直木賞選考委員も務めた。

一見してわかるのは、**名詞の多さ**です。「75歳」「山形県出身」「04年文化功労者」。これは「75歳だった」の「だった」を落とした省略形です。

日本語は名詞をつなげるだけで意味が通じます。「私、昨日、学校、休み」。これだけで「私が昨日、学校を休んだ」ことが伝わります。記事はこの性質を使っています。

「『ひょっこりひょうたん島』など」「大江健三郎さんら」の「など」「ら」の使用は情報を**省略する方法**です。「文芸部員になり、執筆活動に。」は「執筆活動に入った」の「入った」を省略しています。

「1964年放送開始の…」は「1964年に放送が開始された…」とするところを**名詞形に置き換えて短縮**しています。

体言止めも多用しています。「…エッセーを数多く発表」「…直木賞を受賞」「…積極的に発言」「…など受賞多数」。これはそれぞれ「〜した」を省略した形です。

5

□ 名詞・体言止めを使う・その２

体言止めは新聞記事で頻繁に使われます。字数を倹約できるうえ、「…した。…した。…した。」と同じ語尾が続くことを避けてリズムをつくる効果があります。

名詞、体言止めが威力を発揮するのはメールの文章です。特に携帯メールは１回に送る文章の長さに制限があるため、「伝達メモ」のように使えます。

10:30、A社の○○氏から電話。 進行中のプロジェクトの件。 打ち合わせのため14:00に来社の予定。

あるいは新幹線車内の電光掲示板ニュース。

ミネラルウォーターの需要急増。主要生産県の山梨で注文数が通常の10～20倍。工場はフル稼働で対応。

最小限の分量で最大限の情報を伝えています。

例文の死亡記事も、略歴のようにすべて名詞と体言止めで構成することはできます。しかし、それでは情報の羅列となって文章間の有機的なつながりが失われます。

名詞、体言止めは便利、しかし使用は慎重に、です。

□ 数字の書き方

数字の表記は迷うところです。横書きなら洋数字のほうが断然わかりやすいのですが、縦書きとなるとどうでしょう。

洋数字か漢数字か、十や百といった単位語を入れるかどうか、3桁ごとにカンマを入れるかどうか、さまざまな選択肢があります。

ほとんどの縦書き新聞は、かつて原則的に単位語付き漢数字だった数字表記を洋数字に変えました。**そのほうがわかりやすく、字数を減らせる**からです。ここでは横書き、洋数字で考えてみます。

585600321
585,600,321
5億8560万321
5億8,560万0,321
5億8千5百6十万3百2十1

5種類の表記のうち、ぱっとわかるのは「5億8560万321」です。

字数が少なくなるからといって単位語なしで表記すると、**数字が4つを超えた時点で途端にその数字のボ**

5

リュームを把握するのに手間取ります。これは日本語の数字表記が、万、億、兆と4桁ごとに呼称が変わる万進法を採用しているからです。

会計の世界になじんでいれば、「585,600,321」も大丈夫でしょう。

3桁ごとにカンマを入れる千進法は、「thousand（1,000）」「million（1,000,000）」「billion（1,000,000,000）」と3桁ごとに単位語が変わる欧米（英語）にならったものです。

横書き、国際化が進んでいる現在は千進法が定着してきていますが、**字数とわかりやすさを優先するなら4桁ごとに単位語を入れる万進法表記**です。

では「5億8000万円」と「5億8千万円」と丸い数字ならどうでしょう。後者のほうが字数を取らず自然です。かといって「5億8千万」と「5億8040万」が混在するのは統一性がとれません。

数字の表記法は基本的に文書中で統一します。最優先されるべきは、わかりやすさです。

□ 数字を表わす

数字を比較する場合、割合で表現したほうが読み手はすぐに理解できます。

◆ 1968年には38600人だった人口が、2008年には20100人に減った。

◇ 1968年には38600人だった人口が、2008年には48%減り、20100人になった。

具体的な数字にこだわらないなら、「20100人」は削ります。「40年間に48%減り」と期間を挿入すれば、時間と減少率の関連がイメージしやすくなります。

「48%減った」は、「ほぼ半減した」「半分弱に減った」と丸めて表現できます。

◇ 1968年には38600人だった人口が、40年間でほぼ半減した。

大きさや分量を伝えるときに、具体的な数字を示すことで説得力は増します。単に「大幅に伸びた」「急激にダウンした」「多くの人が殺到した」と表現するよりも、パーセンテージや人数を示すと読み手に具体的なイメージが伝わります。

しかし、「130トン」「5万4千キロ」と具体的な数字を示しても、それがどれほどの量なのかイメージしづらい場合があります。その場合は既成のイメージを利用します。

たとえば「東京ドーム6個分（杯文)」(面積・体積・容量)、「地球を3周半」（距離）などと使われます。

国土地理院は、昨年10月1日現在の国土面積が1年間で東京ドーム76個分にあたる3.56平方キロメートル増えたと発表した。

しかし、この喩えにも限界があり、「日本一広い釧路湿原は東京ドーム5600個分の広さ」と言われてもピンと来ません。

比較の基準は、誰もがイメージできるものに限ります。「東京から名古屋までの距離」はよくても、「東京から小笠原諸島の父島までの距離」ではかえってわかりません。

把握しづらい分量や長さをいかにわかりやすく伝えるか、工夫のしどころです。

□ 話し言葉を使う

私たちのコミュニケーションは会話が基本にあります。普段、会話をして意思疎通を図り、情報交換をしています。

会話体にすると、微妙な心理や感情が平易な言い回しで表現できます。だったら、会話をそのまま載せればわかりやすくなるのではないか？ やってみましょう。

◆ 今日は結婚記念日。朝食のとき、夫に今日は早く帰宅するように念を押した。ところが夫は、今日はお得意との約束があるから帰りは遅くなると言う。２週間も前から言ってあったのに、頭に来た私は、もう帰ってこなくていいと激怒した。

◇ 今日は結婚記念日。朝食のとき、夫に「今日は早く帰ってきてね」と念を押した。ところが夫は「今日はお得意さんとの約束があるから帰りは遅くなる」と言う。２週間も前から言ってあったのに、頭に来た私は「もう帰ってこなくいい！」と激怒した。

私や夫の言葉を括弧でくくるだけで、ずいぶん読みやすくなりました。「ト書き」部分を削れば、もっと読みやすくなります。

◇ 朝食のとき、私は夫に念を押した。
「今日は結婚記念日だから早く帰ってきてね」
「え？今日はお得意との約束があるから帰りは遅くなるんだ」
「えー！ ２週間も前から言ってあったのに！ 頭に来た。もう帰ってこなくいいわ！」

例文では登場人物が２人なので誰が話者かすぐにわかりますが、これに娘が入って３人になれば、誰がどの言葉を発しているかわかりにくくなります。そこでシナリオのように、括弧の前に話者を記せば一目瞭然です。

◇ 私「今日は結婚記念日だから早く帰ってきてね」
夫「え？今日はお得意さんとの約束があるから帰りは遅くなるんだ」（以下略）

文章の目的にもよりますが、**ライブ感覚を出すために直接話法（会話体）は有効**です。例文では「私」「夫」という話者を記しましたが、**話し言葉によって男女の区別ができる**ため、これも不要です。

□ 話し言葉を使う・その2

会話体の応用例が対論スタイルや質疑応答（Q&A）です。

◆ センター前へのサヨナラタイムリーについて、記者がＡ選手に打った時の感触を尋ねると、Ａ選手は「ショートが追いつきそうだったんですが、抜けてくれてラッキーでした」と答えた。

◇ 記者「センター前へのサヨナラタイムリー。打った時の感触はいかがでしたか？」
Ａ選手「ショートが追いつきそうだったんですが、抜けてくれてラッキーでした」

会話体とは異なりますが、**自分の考えや思いを括弧でくくると、読み手に伝わりやすく、臨場感が出ます**。

◆ 相手先の窓口で名前を告げた途端、しまった！と思った。

◇ 相手先の窓口で名前を告げた途端、「しまった！」と思った。

会話体の応用として、**地の文に話し言葉を使う方法**があります。書き言葉で説明するよりも伝わりやすいという長所があります。

◆ 商品を使用する際、説明書を読むのに時間がかかったり、不明な点があったりした場合は、サポートセンターに問い合わせてください。

◇ 商品を使用する際、「説明書を読む時間がない」「読んでもわからない」という方は、サポートセンターに問い合わせてください。

例文でわかるとおり、話し言葉を使うと、かなりくだけた調子になります。親しみやすくなる反面、重々しさは失われます。文章の種類によって使い分ける工夫が必要です。

また括弧をあまりに頻繁に使うと、かえって読みづらくなります。**必要最小限が基本**です。

□ 箇条書きを使う

箇条書きは字数を削除できるうえ、整理されたかたちで内容が伝わります。機能重視の表記法なのでマニュアルやレポートでは重宝します。

◆ ある言葉を強調したいときは、その言葉に傍点を振ったり、言葉を括弧でくくったり、文字のサイズを変えたり、活字のフォント自体を変えたりする方法がある。

◇ ある言葉を強調したいときは▽その言葉に傍点を振る▽言葉を括弧でくくる▽文字のサイズを変える▽活字のフォント自体を変える——方法がある。

5

箇条書きの際、末尾の句点「。」は要りません。よりわかりやすくするためには改行をします。

◇ ある言葉を強調したいときは、以下の方法がある。
▽その言葉に傍点を振る
▽言葉を括弧でくくる
▽文字のサイズを変える
▽活字のフォント自体を変える

それぞれを▽ではなく、番号を振れば、後でそれを指す場合、便利です。

◇ ある言葉を強調したいときは、以下の方法がある。
（1）その言葉に傍点を振る
（2）言葉を括弧でくくる
（3）文字のサイズを変える
（4）活字のフォント自体を変える
　（1）（3）（4）は文字書式によって使えない場合があるため、インターネットでは自由に表現できない可能性がある。

箇条書きの注意点を箇条書きにしてみます。

▽ **文頭に◆や■などの記号や番号を付ける**
▽ **１項目につき１トピックにする**
▽ **並べる順は重要度、時系列など規則性を持たせる**
▽ **体言止め、疑問形など文体を統一する**
▽ **項目数は10項目をめどにそれ以上増やさない**

□ 箇条書きを使う・その２

箇条書きの効用のひとつは、時系列を効率よく示せることです。

一番身近な例は料理のレシピです。「タケノコのにんにく炒め」のレシピを例にとります。

◆ タケノコは１～２ミリくらいに薄く切る。にんにくは１ミリくらいに切る。フライパンに油を引き、にんにくを入れ、色づくまで加熱する。タケノコを入れて両面を焼き、唐辛子とコンソメ、酒を入れて全体を絡ませる。醤油を入れて絡ませる。パセリや青のりを振る。

これを箇条書きにすれば、わかりやすくなります。

◇ 1. タケノコは１～２ミリくらいに薄く切る。にんにくは１ミリくらいに切る。
2. フライパンに油を引き、にんにくを入れ、色づくまで加熱する。
3. タケノコを入れて両面を焼き、唐辛子とコンソメ、酒を入れて全体を絡ませる。
4. 醤油を入れて絡ませる。パセリや青のりを振る。

箇条書きは、同じ程度の情報価値を持った単語や文章を並記します。逆にいうと、各項の重みや機能に違いがある場合は工夫が必要です。組織図の例で見ます。

1　東京本社
2　名古屋支社
3　津営業所
4　岐阜営業所
5　福岡支社
6　佐賀営業所

これでは1から6が「同じ情報価値」とみなされます。上位と下位のカテゴリーを区分けすると、組織の全体像が明示されます。

1　東京本社
　(1)　名古屋支社
　　a　津営業所
　　b　岐阜営業所
　(2)　福岡支社
　　a　佐賀営業所

箇条書きの階層は「1－(1)－a」だと3つです。これ以上になると、かえってわかりにくくなります。

□ 小見出しを使う

長い文章には、小見出しが役に立ちます。

小見出しを付けると、読み手はあらかじめ文章の内容がわかり、理解の助けになります。どこにどんなことが書いてあるかを俯瞰的に眺めて全体を構造的に把握できます。

小見出しの性格は大きく3つに分けられます。

(a) 内容の要約＝対象となる文章の内容を短い語句で表現する。

例:「小見出しを使う」「重複語を避ける」

(b) キャッチコピー＝対象となる文章の中からキーワードとなる語句、印象的な言葉を引用する。

例:「1粒で3度おいしい?」「ダイヤを捨てても石を拾え」

(c) 論脈の指標＝全体の中で対象となる文章の役割を位置づける

例:「2つの事例」「結論」

(b) キャッチコピーは「読者の関心をキャッチする」という意味です。読者に「これはどういう意味？　どれどれ、どういう内容か読んでみるか」と思わせる惹句です。

ということは（a）のように本文の内容を要約したり、（c）のように本文の位置づけを明確にしたりするという「情報開示の方向」とは違って、（b）は情報を見え隠れさせて読み手の関心を惹きつけるという性格を持ちます。

文章の性質によって見出しの付け方は変わります。大雑把に分けると、（a）（c）は論文やリポート向き、（b）はエッセーや企画書向きでしょうか。

必要によっては、小見出しに番号を振ります。使い方は「箇条書き」の時と同様です。

見出しは文章の案内標識です。うまく付けることができれば非常に強い見方になりますが、そうでなければ逆に読み手を混乱させます。

要約の力やセンスが求められるだけに、見出しを考えること自体が、要約の練習になります。

□ 強調する

自分の主張を効率よく伝える演出として有効な方法のひとつに「強調」があります。

文章で「ここは重要です」「これは非常に大事な点です」と伝える方法はありますが、活字や記号で強調すれば、**即座に視覚に訴える**ことができます。

話し言葉なら、強調したい部分を大声で話します。逆にその部分だけ声を潜めるやり方もあります。ゆっくり話す、繰り返す、トーンを上げる、一字一字区切って話す、なども考えられます。これを書き言葉で表わす場合、どういう方法があるでしょう。

■ 傍点を振る

よく使われる方法です。話し言葉の「大声で話す」「はっきり話す」の活字版です。

考えるというのは理性の仕事であり、恋するというのは感情の仕事です。

■ 括弧で括る

括弧は発話や書籍・映画などのタイトルを示すだけでなく、ひとつの成句として取り出して読者に提示したいときによく使われます。

明治の作家たちは、「言文一致」というスローガンを掲げて、さまざまな実験に取りかかることになった。

よく使われる「　」『　』(　)〝　〟だけではなく、〈　〉《　》【　】［　］｛　｝などを使い分けることで強調の性質を変えることができます。

■改行する・行を開ける

字数やスペースに余裕があるときは効果的です。改行せずに長々と続く文章に突然、改行や行開けで文章が示されると、読み手は惹きつけられます。

文章を書くうえで最も大切なことは
わかる文章を書く
ということだ。

文章を書くうえで最も大切なことは

わかる文章を書く

ということだ。

■ 漢字・ひらがな・カタカナ表記を変則的に使う。

単純に「愛してる」「あいしてる」と表記するところを、「アイシテル」と変則的に使うことで強調の効果を出します。話し言葉で言えば「声色を変える」に近いでしょう。

□ 強調する・その２

文章は言葉だけではなく、記号や改行などのルールとともに成り立っています。印刷をすれば活字の大きさやフォントもわかりやすさに関わってきます。ワープロの性能が多様化している現在では、活字をさまざまに変えて言葉を強調できます。

■ 活字のフォントを変える

活字を太字にするのが最も一般的な強調法です。具体的には本書のように明朝体で書かれた文章の中に、**ゴチック体で記す**というやりかたです。

太字にするだけでなく、流麗体にするとか、丸文字にするとか、強調の性質によってさまざまなバリエーションが考えられます。

■ 文字サイズを変える

「大声で話す」を視覚化した方法です。

当社のモットーは、**安全と信頼**です。

逆に文字サイズを小さくするという手も考えられるでしょう。話し言葉で言えば「声を潜める」「声のトーンを下げる」に当たります。

■ 色を変える

カラー印刷も手軽にできますから、色分けによる文章の分類分け同様、強調も当然考えられます。

以上の方法を組み合わせれば、強調効果は高まります。たとえば1行開けて改行し、太字で大きく印字する。しかし、あまり強調を連発すると強調の効果は薄まります。文章の品が落ちるという副作用もあります。

現在、一般的に使われている表記は、読者がなるべく読みやすいように工夫され、磨かれて定着したスタイルです。それを崩せば、同時に読みやすさも損なわれます。強調は、スムーズな文章の流れをいったんせき止めることでもあるからです。

□ 略称・略語を使う

略称、略語は文字数の節約になるうえ、見慣れたものなら瞬時に頭に入るという効用があります。

略称のほうがわかりやすい例は、特定非営利活動法人＝NPO法人、日本美術展覧会＝日展、日本プロサッカーリーグ＝Jリーグなどがあります。

略称でも十分通じるのは、生協＝生活協同組合、国体＝国民体育大会、原発＝原子力発電所、映倫＝映倫管理委員会などです。

逆にわかりにくい例は、科警研＝警察庁科学警察研究所、重文＝重要文化財、入管＝法務省入国管理局などがあります。

読み手に即座に通じるか、誤解や混乱を招かないかどうかが使用の判断基準です。

アルファベットも同様です。ATM＝現金自動預払い機、CIA＝米国中央情報局、HIV＝エイズウイルスならば、略語で十分通じます。

しかし、BC兵器＝生物・化学兵器、UV＝紫外線、PTSD＝心的外傷後ストレス障害となると、やはり正式名を記すか、両者を併記したほうが親切です。

■ 括弧を使う

文の途中で意味を補う場合や説明を加えたい場合、丸括弧やダッシュを挿入します。使い方によっては便利で字数も倹約できます。

> 一般に事件や問題になった取材対象には、対立する二者（または三者以上）がある。

> 自治体は災害——人為的な事故を含む——に万全の体制で臨むべきだ。

文中に括弧を挿入すると読みが断絶されたり、流れに抵抗を与えたりします。しかし使いようによっては流れをスムーズにします。

> (a) 物語は、主人公が帰省先で長年会っていなかったクラスメートに遭遇する場面(つまり映画開始５分後)から動き出す。そこから事件は次々に発生する。

> (b) 物語は、主人公が帰省先で長年会っていなかったクラスメートに遭遇する場面から動き出す。それは映画開始から５分後だ。そこから事件は次々に発生する。

(a)を(b)に換えても意味は変わりません。しかし(b)のように「それは映画開始から５分後だ」と説明を後で加えることで、かえって文章の流れが止まってしまいます。

あまり頻繁に丸括弧やダッシュを挿入して説明を加えると、かえってわかりづらくなるので要注意です。

■ 記号を使う

ここでの記号とは文字に対する符号類を指します。具体的には「!」「?」「→」「〜」「－」「VS」「#」「&」「@」「〒」「♂」「♀」…。うまく使えば重宝しますが、乱用するとかえって煩雑になります。

「♪」は文章が歌詞やメロディーを伴うことを一文字で示し、「!?」は驚きと疑問を同時に表現する、いずれも代替不可の記号です。

発言者や聴衆が笑ったことを示す「(笑)」「(笑い)」も記号の一種です。「あっははは」「ふふふ」「ぷっ」と文字で表現するとウソっぽくなる笑い声を読み手の想像にゆだねます。「(爆笑)」「(大笑)」「(苦笑)」という変化形もあります。

講演記録での「(拍手)」、座談会やインタビュー記事で、「(一同うなずく)」と、参加者の様子や仕草を説明することもあります。

インターネットや携帯電話の発達はさまざまな表現方法を生みだしました。

書き手がモノローグ的に文章末尾に付ける「(笑)」は、「ほんの冗談だけどね」といった意思を示します。自分の発言を茶化したり、自分でつっこんで笑いどころを示したりするときに用いられます。余裕ある態度を表現できる、なかなか代替の利かない記号です。

まだプライベートな通信やネットの掲示板、サブカルチャーの領域での使用に限定されていますが、さまざまな記号は書き言葉の表現領域を広げる可能性があります。

電子書籍が広まれば、文章に画像や音声、動画を付けることが普通になるかもしれません。そのときは新しい文章作法が必要になります。

□ コラム

「そうじ」と聞いてぱっと思い浮かぶのは、廊下の雑巾がけである。四つん這いになって、廊下の端から端までだーっと走ってふく姿。

これは私たち日本人に「そうじ」というよりも、むしろ「修行」のイメージを喚起させる光景だと思う。「雑巾がけでもなんでもやります！」というせりふがあるように、日本においてそうじは修行と切っても切れない行為として定着している。

雑巾がけは無垢板を使った木造建築においてのみサマになる。できればお寺のような伝統木造建築がいい。はき物を脱いで、じかに座ったり寝転がったりする日本人の住まいの慣習が、四つん這いの拭きそうじを成立させているわけだ。

無垢の木の床や柱は、磨けば磨くほど独特の色と光沢を放つ。時を経るにしたがって、木目の浮き出た床や柱は微妙な陰翳をかたちづくって味わいを増す。

このとき、そうじはもはや「汚れを落とす」「ゴミや塵を除く」というマイナスをゼロに戻す作業ではない。「磨いて艶を出す」「美しい木目を出す」というゼロからプラスに向けた作業である。

「文章のそうじ」も、この雑巾がけに似ている。

第6章　文章をそうじする

この章では、これまで述べてきたテクニックを使って、実際に文章を添削しつつ要約していきます。

あるコラムから引用します。

◆ 断熱について語る時、日本が置かれている状況、それは温帯モンスーンに位置しており特に夏場は湿度の高さに悩まされるということです。このことで、冷房による結露、いわゆる「逆転結露」という問題を日本固有の問題としてかかえているということです。30年程前までは、この「逆転結露」という問題はなかった。それはスカスカの壁であったり、調湿性の土壁であったりしたことで、この問題は通気があったということで 問題視されていなかった。それが昨今、通気性のない石油系の高性能断熱材が登場しその断熱性を有効ならしめるために、気密性が取りざたされるに及び逆転結露という現象が問題視されるにいたった。これは夏場のモンスーン地帯のみに起こりうると考えられる現象であり、クーラーを入れるとガラス等の外壁の外側に結露水がつくという現象で高度の湿度を有しているため５度程度の温度差でも

6

本現象が起こるということです。いくら外断熱工法を取っても、断熱材の裏側防水シートとそれを止めるコンパネ（構造用合板）の間で結露を起こしている可能性は大であります。当然合板というものはノリを何層にも使用しているため、通気性・透湿性はなくこの状態であれば高温と高湿のため数年とはいわぬまでに、ボロボロのフの様になってしまうということです。このようなことで、どうしても我が国では通気性・調湿性のある材料による断熱材である土壁のみでしか、このモンスーン地帯のドグマからは逃れられないということです。

(1) 全体のイメージをつかむ

さあ、とりかかりましょう。まず、全体のイメージをつかんでおきます。

実はこのコラムは前後に文章があり、例文はそこから抜粋したものです。「断熱材」「土壁」「コンパネ」といった用語から建築物の構造について「断熱」を切り口に解説した文章であることがわかります。

そして専門家が、一般読者、あるいは消費者に向けて書き手の持論を主張した文章です。これがこの文章から受ける全体のイメージです。

(2) 段落に分けてそれぞれの役割を考える

一読して気づくのは、常体（である体）と敬体（ですます体）の混在です。段落分けもありません。

常体に統一しながら内容ごとに段落分けしてみます。その際、文章全体におけるその段落の役割を同時に考えます。

(a) 断熱について語る時、日本が置かれている状況、それは温帯モンスーンに位置しており特に夏場は湿度の高さに悩まされるということである。このことで、冷房による結露、いわゆる「逆転結露」という問題を日本固有の問題としてかかえているということである。
＝日本は気候的に「逆転結露」という問題を抱えているという「**問題を提起**」します。起承転結の「起」に当たります。

(b) 30 年程前までは、この「逆転結露」という問題はなかった。それはスカスカの壁であったり、調湿性の土壁であったりしたことで、この問題は通気があったということで問題視されていなかった。
＝前段を受けて、「**かつての状態**」を説明します。起承転結の「承」です。

(c) それが昨今、通気性のない石油系の高性能断熱材が登場しその断熱性を有効ならしめるために、気密性が取りざたされるに及び逆転結露という現象が問題視されるにいたった。
＝前段と「**対比**」して現在、逆転結露が問題化した「**理由**」を提示します。起承転結の「承の2」とも位置づけられますが、ここは30年前の状態を示した後、現在に目を転じるという意味で「転」とします。

(d) これは夏場のモンスーン地帯のみに起こりうると考えられる現象であり、クーラーを入れるとガラス等の外壁の外側に結露水がつくという現象で高度の湿度を有しているため５度程度の温度差でも本現象が起こるということである。いくら外断熱工法を取っても、断熱材の裏側防水シートとそれを止めるコンパネ(構造用合板)の間で結露を起こしている可能性は大である。
＝前段を受けて、逆転結露の「**説明**」と「**現状**」です。「転の2」です。

(e) 当然合板というものはノリを何層にも使用しているため、通気性・透湿性はなくこの状態であれば高温と高湿のため数年とはいわぬまでに、ボロボロのフの様になってしまうということである。
＝前段を受けて、逆転結露の「**影響**」を示します。コラム冒頭で示した「問題」の具体的内容に当たります。「転の3」です。

(f) このようなことで、どうしても我が国では通気性・調湿性のある材料による断熱材である土壁のみでしか、このモンスーン地帯のドグマからは逃れられないということである。
＝これまでの説明から導かれる「**結論**」を提示します。起承転結の「結」です。

(3) テーマをつかむ

コラムのテーマは何でしょう。

キーワードを探すと、文章中、最もよく出てくる言葉は「結露」と「断熱」で、いずれも6回登場します。「湿度」「調湿性」「透湿性」「高湿」と「湿」の付く言葉が全部で6回出ます。このあたりにヒントがありそうです(94ページ参照、以下同じ)。

文章のテーマは通常、文章の最初か最後に盛り込まれています(95ページ)。

冒頭は問題提起でした。文末は「このようなことで」という、これまでの論を受けた接続語があります(111ページ)。つまり文末の一文が冒頭の問題提起に対する結論であり、この文章全体のテーマに当たります。

ところで「ドグマ」の意味は「教義」「独断的な意見」なので、この使い方は誤りです。

「建物の逆転結露の問題」を題材にしたこのコラムのテーマは、以下のように表わせます。

「日本の建築物では土壁でしか逆転結露の問題を解決できない」。これはこのコラムのメッセージであり、ぎりぎりに短くした要約文でもあります。

(4) 構造を図式に表わす

テーマと各段落の役割をつかんだら、それを図式に表わしてみます(109ページ)。

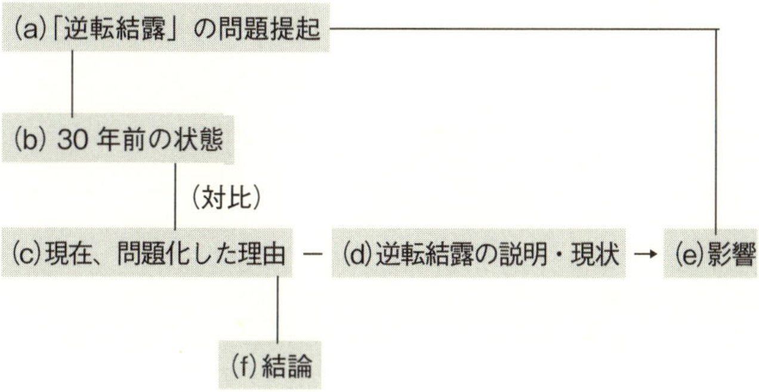

コラムを「起－承－転(1－2－3)－結」と、変則的な4段構成として位置づけました。こうして流れを見ると、「転」のうち(e)の「影響」は(a)の「問題」の具体的内容なので重要です。

しかし(d)は逆転結露が起こる説明と現状なので補完的な役割にとどまっています。

(5) - 1　段落ごとに添削・要約する

段落ごとに文章を点検して添削していきます。(a) から順を追って見ます。

(a) 断熱について語る時、日本が置かれている状況、それは温帯モンスーンに位置しており特に夏場は湿度の高さに悩まされるということである。このことで、冷房による結露、いわゆる「逆転結露」という問題を日本固有の問題としてかかえているということである。

「日本が置かれている状況、それは温帯モンスーンに位置しており特に夏場は湿度の高さに悩まされるということである」は主語と述語が正しく対応していません。「断熱について語る時」と「悩まされるということである」も、うまく呼応していません。

「モンスーン」は「季節風」を意味する気象用語です。「位置している」とするなら、正しくは「温帯モンスーン地帯」としなければいけません。「位置しており」に次は読点があったほうが読みやすくなります。

ここで書き手が言いたいことを丁寧に表わせば「断熱という視点から日本が置かれている状況を考えると、日本は温帯モンスーン地帯に位置しており、このため日本(人)が抱えている問題は、特に夏場、湿度の高さに悩まされるということである」となります。

「このことで、冷房による結露、いわゆる『逆転結露』という問題を日本固有の問題としてかかえているということである」は、「日本が抱えている問題は」という主語が略されています。また「問題を…問題としてかかえている」と言葉が重複しています（28ページ）。(a) は以下のように書き換えられます。

> 断熱という視点から日本が置かれている状況を考えると、日本は温帯モンスーン地帯に位置している。このため日本が抱えている問題は、特に夏場、湿度の高さに悩まされるということである。このことで、日本は冷房による結露、いわゆる「逆転結露」を日本固有の問題として抱えている。

原文よりも長くなりました。

「日本は温帯モンスーン地帯に位置している。このため日本が抱えている問題は、特に夏場、湿度の高さに悩まされる」は一般論です（15ページ）。

「断熱という視点から日本が置かれている状況を考えると」は、むしろ「（日本は）『逆転結露』を日本固有の問題として抱えている」につながります。順番を入れ替えます。

日本は温帯モンスーン地帯に位置している。このため日本が抱えている問題は、特に夏場、湿度の高さに悩まされるということである。断熱という視点から日本が置かれている状況を考えると、日本は冷房による結露、いわゆる「逆転結露」を日本固有の問題として抱えている。

最初の２つの文章を、「主語＋述語」というシンプルな構文にまとめます（78ページ）。「このため」という接続語、「～ということ」は削れます（36、46ページ）。

「日本が抱えている問題」「日本が置かれている状況」「日本固有の問題として抱えている」は同じ意味の言葉を重ねているので、まず１つ削ります（34ページ）。

温帯モンスーン地帯に位置する日本は、夏場に湿度の高さに悩まされるという問題を抱えている。断熱という視点から見て、日本は冷房による結露、いわゆる「逆転結露」を固有の問題として抱えている。

「問題を抱えている」がダブります。これを１つにするために構文を換えてみます。重複した「結露」、それから「いわゆる」を削ります（34、22ページ）。

温帯モンスーン地帯に位置する日本は、夏場に湿度の高さに悩まされるという問題を抱えている。断熱という視点から見た日本固有の問題に、冷房による「逆転結露」がある。

「温帯モンスーン地帯に位置する」からの文章は一般論です。なるべく短く表現し、後半の文に繰り入れます(15ページ)。これで要約の完成です。

断熱という視点から考えると、夏場に湿度が高い日本は、冷房による「逆転結露」を固有の問題として抱えている。

(5)－2　段落ごとに添削・要約する

(b) からは要点だけを記して添削、圧縮します。

(b) 30年程前までは、この「逆転結露」という問題はなかった。それはスカスカの壁であったり、調湿性の土壁であったりしたことで、この問題は通気があったということで問題視されていなかった。

「問題はなかった」「問題は…問題視されていなかった」、また「あったりしたことで」「あったということで」という表現がダブります(34ページ)。

「この『逆転結露』」「この問題」の「この」は不要です(43

ページ)。「〜であったり、〜であったり」は短くできます(40ページ)。「問題視されていなかった」の習慣・反復を表わす「ている」は省略可です(48ページ)。

30年ほど前までは、通気性のあるスカスカの壁や調湿性の土壁のため、逆転結露は問題視されなかった。

(c) それが昨今、通気性のない石油系の高性能断熱材が登場しその断熱性を有効ならしめるために、気密性が取りざたされるに及び逆転結露という現象が問題視されるにいたった。

まず「昨今」「断熱性を有効ならしめる」「気密性が取りざたされるに及び」「問題視されるにいたった」という持って回った言い回しをやめます(18ページ)。

逆転結露が問題になったのは、「通気性のない断熱材が登場する」→「(壁の) 断熱性が有効となる」→「(家あるいは建物) の気密性が取りざたされる」という順番です。「断熱材」は「断熱性が有効な材」なので、意味がダブります(28ページ)。

「逆転結露という現象が問題視される」という表現は、直前の「逆転結露は問題視されなかった」の繰り返しな

6

ので省略できます（34ページ）。

> それが近年、通気性のない石油系の高性能断熱材が登場し、建物の気密性が取りざたされるようになった。

> (d) これは夏場のモンスーン地帯のみに起こりうると考えられる現象であり、クーラーを入れるとガラス等の外壁の外側に結露水がつくという現象で高度の湿度を有しているため５度程度の温度差でも本現象が起こるということである。いくら外断熱工法を取っても、断熱材の裏側防水シートとそれを止めるコンパネ（構造用合板）の間で結露を起こしている可能性は大である。

ここは逆転結露が発生する仕組みです。テーマから最も離れているので大幅に短縮します。「現象」という言葉の反復が目立ちます。読点がなく、読みづらい箇所があります。

「夏場のモンスーン地帯のみに起こりうると考えられる現象であり」は、視点が突然、地球大に拡大しています。唐突で推測も交えているため削除します。

「高度の湿度」は重複表現。(a) に「湿度が高い」とあるので削れます。「5度程度の温度差」は建物の内外の温度差であることを示したほうが親切です。「コンパネ」という専門用語は取ります（124ページ）。

> 逆転結露はクーラーを入れるとガラスや外壁の外側に結露水がつく現象で、建物の内外の温度差が5度程度でも起こる。外断熱工法をとっても、断熱材の裏側防水シートとそれを止める構造用合板の間で結露を起こしている可能性は高い。

> (e) 当然合板というものはノリを何層にも使用しているため、通気性・透湿性はなくこの状態であれば高温と高湿のため数年とはいわぬまでに、ボロボロのフの様になってしまうということである。

「当然」「というもの」は削れます（26、46ページ）。「使用している」は「使っている」にします（48ページ）。「ボロボロのフの様」をわかりやすいように表記を換えます。

> 合板はのりを何層にも使っているため通気性・透湿性はなく、高温と高湿のため数年内にボロボロの麩のようになる。

(f) このようなことで、どうしても我が国では通気性・調湿性のある材料による断熱材である土壁のみでしか、このモンスーン地帯のドグマからは逃れられないということである。

「どうしても〜できない」は絶対表現なので削ります(24ページ)。「材料による断熱材」「のみでしか」は重複表現です(28ページ)。

日本では通気性・調湿性のある土壁でしか逆転結露の問題を解決できない。

(6) それぞれの要約をつなげる

段落ごとに要約した文章を、起承転結に段落分けしてつなげます。

断熱という視点から考えると、夏場に湿度が高い日本は、冷房による「逆転結露」を固有の問題として抱えている。

30年ほど前までは、通気性のあるスカスカの壁や調湿性の土壁のため、逆転結露は問題視されなかった。

それが近年、通気性のない石油系の高性能断熱材が登場し、建物の気密性が取りざたされるようになった。逆転結露はクーラーを入れるとガラスや外壁の外側に結露水がつく現象で、建物の内外の温度差が５度程度でも起こる。外断熱工法をとっても、断熱材の裏側防水シートとそれを止める構造用合板の間で結露を起こしている可能性は高い。合板はのりを何層にも使っているため通気性･透湿性はなく、高温と高湿のため数年内にボロボロの麩のようになる。

日本では通気性・調湿性のある土壁でしか逆転結露の問題を解決できない。

逆転結露の説明が３段落目でやっと登場するので、最初に持って行きます。全体の文脈からさらに添削を加え、全体を圧縮します。

冷房による逆転結露は、夏に湿度が高い日本固有の問題だ。逆転結露は、建物内外の温度差のためガラスや外壁の外側に結露が生じる現象を指す。

30 年前までは家屋が通気性・調湿性のある土壁などでできていたため、問題にはならなかった。

だが近年、高性能断熱材の登場で建物の気密性が保たれるようになった。外断熱工法でも断熱材の裏側と合板の間で結露している可能性は高く、通気性･

透湿性がない合板は数年内に高温と高湿のためボロボロになる。
　この問題は土壁でしか解決できない。

原文の618字から225字と3分の1になりました。

これをさらに要約してみます。

1段落目の「逆転結露は、建物内外の温度差のためガラスや外壁の外側に結露が生じる現象を指す」は逆転結露の説明であり、一般論のため削りたいところです。しかし、逆転結露という用語は一般に知られていないため、エッセンスは残して冒頭に掲げます。

「30年前までは家屋が通気性・調湿性のある土壁などでできていたため、問題にはならなかった」は過去の事実です。次の「近年」の変化によって示唆できます。

「外断熱工法でも」からは思い切って情報を捨てます。

　冷房による温度差でガラス外側に結露が生じる逆転結露は、夏に湿度が高い日本固有の現象だ。近年、高性能断熱材の登場で建物の気密性が保たれるようになり問題化した。高温多湿のため建物内の合板がボロボロになるのだ。この問題は通気性・調湿性のある土壁でしか解決できない。

129字、原文の5分の1です。

あとがき

以前から自分にはある種の衝動があることに気づいていました。それは身の周りのいらないものを捨てたい、きれいさっぱりなくしたいという衝動です。用済みの資料や本はどんどん処分する。大規模な廃棄の機会である引っ越しは絶好のチャンスです。

ある飲み会の席で、そのやみがたい衝動について口にしたところ、かつての職場の先輩が「おおー」という感嘆の声を上げ、「実はオレもなんや」と、これまで胸に秘めてきた同様の思いを吐露し始めました。

「職場の冷蔵庫の横、気にならへんか？」「なるなる」「Mさんの私物、なんでみんなの通り道に積んであるんや？」「黙って捨てちゃいましょうか」

先輩は図書館から借りた本に鉛筆で線が引いてあったら、それを消しゴムで消さずにはおれないという重度の衝動の持ち主でした。

捨てたい。さっぱりしたい。これは人間に普遍的な欲望ではないか。私たちはそれに名前を与えることにしました。処理欲、整理欲……いや清掃欲だ！ 「よし、いま高らかに清掃欲の解放を宣言しよう！」。まあ、飲みたまえ。はい、いただきます。

その夜、私たちはおいしいお酒を飲みかわしました。

かつての職場とは新聞記事を書く通信社です。新聞記事の本質は要約です。事件記事でもルポでもインタビュー記事でも、つまりは入手した情報をいかにコンパクトに整理するか。そのためには手にした情報も重要度の低い順に捨てていき、文章を圧縮しなければいけません。つらいけれど、これがなかなか気持ちいい。

さらに新聞の文字拡大に伴って1つの記事の文字数は減り続け、私が記者をした20年余りの間に記事フォーマットは1行15字から11字になりました。ギリギリまで言葉を捨てて記事を書く日々、私の清掃欲は解放され、また昂進しました。本書は、そうした苦渋と快楽を伴う体験をもとに書かれました。

本当は多少、文字数が増減しても大勢に影響はないでしょう。1字2字の攻防を繰り広げているのは見出しやコピーといった特殊な世界です。そう考えて本書の「はじめに」を読み返すと、ずいぶん力の入った文章です。簡潔、明快、的確、筋道……ハハァとひれ伏したい感じ。

もっと肩の力を抜いてのんびりやろうよ。無駄のない張りつめた文章もいいけど、ゆるやかな脱力系も捨てがたいよ。いやいや、1字1句ゆるがせにしないという心構えこそ大事。脱力するなら全力で脱力しなければ。

というふうに、自分の中には文章作法の「ジキルとハイド」がいます。本書はそのどちらか（ジキル？ハイド？）が張り切ってやった仕事です。

[著者紹介]
片岡義博（かたおか・よしひろ）

1962年山口県生まれ。京都大学文学部卒。85年共同通信社入社。92年から本社文化部で芸能、学芸欄を担当。2007年退社してフリーに。専門学校で文章講座を担当するほか、人物ルポ、聞き書き、書評などを手がける。著書に『明日がわかるキーワード年表』（共著、彩流社）。

装丁・レイアウト・DTP …………玉造能之（株式会社デジカル）
イラスト ……………………………高山芙由子（株式会社デジカル）
フォント協力……………………………★ Heart To Me ★（沙奈）

うまく書きたいあなたのための
文章のそうじ術

発行日　2011年4月30日　初版第1刷

著者
片岡義博

発行者
杉山尚次

発行所
株式会社言視舎

東京都千代田区富士見2-2-2　〒102-0071
電話 03-3234-5997　FAX 03-3234-5957
http://www.s-pn.jp/

印刷・製本
㈱厚徳社

ISBN978-4-905369-00-4 C0095